일머리보다 중요한 눈치 사용 설명서

KIZUKAI NO KABE
by Reiko Kawahara

Copyright © 2023 Reiko Kawahara
Korean translation copyright © 2025 by Hangahanpm
All rights reserved.
Original Japanese language edition published by Diamond, Inc.
Korean translation rights arranged with Diamond, Inc.
through EntersKorea Co.,Ltd.

이 책의 한국어판 저작권은 ㈜엔터스코리아를 통해 저작권자와
독점 계약한 한가한오후에 있습니다. 저작권법에 의하여 한국 내에서
보호를 받는 저작물이므로 무단전재와 무단복제를 금합니다.

마음의 벽을 넘어, 배려로 완성하는 직장생활

일머리보다 중요한

눈치 사용 설명서

가와하라 레이코 지음
송해영 옮김

한가한오후

'어? 저기 난처해 보이는 사람이 있네?' 하고 알아차렸지만…….

'내가 괜히 저 사람을 귀찮게 하면 어쩌지…….'라며 망설이는 마음.

'내가 나서지 않아도 알아서 잘하겠지…….'라며 자신을 향한 변명.

그런 '마음의 벽'에 가로막혔던 순간이 없으신가요?
기껏 눈치챘는데 아깝잖아요!

대신 이렇게 생각해 보면 어떨까요?

'내가 곤란했을 때, 누군가가 말을 걸어줘서 좋았었지. 그래, 이번에는 내가 먼저 말을 걸어 보자.'

이런 판단을 '1초' 만에 내리는 겁니다.

예를 들어, 회사 로비에서 처음 보는 사람이 주위를 두리번거리는 모습을 본 당신. 어떻게 하시겠습니까?

① 못 보고 그냥 지나친다.
② 다가가서 말을 걸어본다.
③ 눈치챘지만 딱히 아무 행동도 하지 않는다.

①번처럼, '지나가는 데 방해되게 뭐 하는 거야?'라고만 생각하는 사람은 패스! 물론 어딜 가나 이렇게 '둔한 사람'

은 있기 마련이죠.

②번처럼, 행동력이 뛰어난 사람도 있습니다. 이런 분들은 너무 멋지죠. 지금 이 책을 읽고 있는 여러분 대부분은 ③번을 선택하지 않았을까요?

③번을 선택했더라도 '저 사람, 무슨 문제가 있는 걸까?'라는 생각만이라도 했다면, 당신에게도 '배려의 소질'은 충분히 있습니다.

그렇지만 '누군가가 도와주겠지……' 하고 마음속으로 변명만 하다가, 결국 슬그머니 못 본 척하고 지나가겠지요. 그런데 상대의 관점에서 보면 ①번이든 ③번이든 눈치 없는 건 마찬가지 아닐까요?

하지만 여러분들은 이미 '배려의 소질'을 가지고 있으니, 그 소질을 잘 살려서 '눈치만 보는 사람'이 아니라 '배려하는 사람'이 되어보는 것은 어떨까요?

배려에는 '벽'이 있습니다.

더 자세한 내용은 본문에서 다루겠지만, 배려의 핵심은 '자신 마음속의 벽'을 뛰어넘는 것과 '상대 마음속의 벽'을 존중하는 것입니다.

이 책에서 말하고자 하는 것은 단 하나입니다. 이것만 실천하면, 당신에 대한 사람들의 인상은 놀랍도록 달라질 것입니다.

그렇다고 해서, '상대의 기분을 생각합시다.'라거나 '다른 사람의 사소한 행동 하나에도 주의를 기울입시다.' 같이 의지만으로 해결하라는 말은 아니니 안심하세요.

이제 필요한 것은, 배려할지 말지를 결정하는 단 1초입니다. 여러분이 그 판단의 기준을 어떻게 세워야 하는지 방법을 알려드릴게요.

겸손한 사람, 내향적인 사람, 세심한 사람, 남을 보살필 줄 아는 사람…….

이 책은 바로, '배려의 소질'을 가진 사람들이 '벽'을 뛰어넘어, 배려를 하나씩 쌓아 갈 수 있도록 도와주는 길라잡이입니다.

그런 사람들에게는, '이 일을 의뢰하고 싶습니다.', '당신이라면 믿고 맡길 수 있어요.', '다음에 꼭 다시 만나고 싶습니다.'라는 말들과 함께 큰 기회가 찾아올 것입니다.

'남을 배려할 줄 아는 사람'만이 자신도 미처 상상하지 못했던 높은 곳에 다다를 수 있습니다.

자, 이제 그 첫걸음을 저와 함께 내디뎌 봅시다!

| 들어가며 |

자신의 '직장인 1년 차 시절'을 떠올려 보세요.

갓 입사해 모든 것이 낯설고 얼떨떨한 와중에, 회사에서 마련한 비즈니스 매너 교육을 듣거나, 상사로부터 많은 가르침과 질책을 받았을 것입니다. 어떤 회사에서는 직장 생활과 관련된 자기계발서를 몇 권 정해 읽게 하기도 한다고 합니다.

시간이 지나 회사 생활에 익숙해지면, 우리는 맡은 일을 혼자 힘으로 해내게 됩니다. 그리고 한 사람 몫을 할 무렵, 눈앞에 소리 없이 다가오는 현실이 하나 있습니다.

그것은 바로, 내가 하는 일에 누구도 참견하지 않는다는 사실입니다.

물론 어엿한 중간 관리자로 성장해 잔소리가 필요 없어

진 것도 있습니다. 하지만 단순히 맡은 일을 잘하는 직원에서 한발 더 나아가 팀이나 회사의 사정을 헤아리고, 후배나 팀원을 챙길 수 있는지는 사람마다 다릅니다.

연차가 쌓이면 '팀도 생각할 줄 알아야지.' 하고 말해 주는 사람이 사라집니다. 마치 서른이 넘은 직원에게 '인사를 잘해야 한다.'라고 지적하는 사람이 없는 것처럼 말입니다. 하지만 그렇다고 해서, 인사를 잘하느냐 못하느냐가 자신의 이미지에 영향을 준다는 사실까지 사라지는 것은 아닙니다.

다시 말해 스스로 깨달아야 하는 시점이 오는 것입니다.

신입 직원이던 20대에는 기술과 이론으로 일을 처리하고 결과만 내도 충분했지만, 30대가 되면 그것만으로는 버티기 어렵습니다. 매년 후배들이 늘어나고, 직책과 함께 팀원도 생깁니다. 업무는 업무대로 해내면서, 동료들과 함께 보내는 '일상'도 신경을 써야 합니다. 그때 선택해야 합니다.

마음먹고, 자기 자신을 바꿀 것인가? 아니면 지금 상태에 만족할 것인가?

그다음에야 비로소 다음과 같은 성과를 얻을 수 있습니다.

- 중요한 일을 담당한다.
- 리더가 된다.
- 의견을 구하고 싶은 존재가 된다.

자리에 대한 충분한 고민 없이 책임자가 되면, 그 결과는 되돌리기 어렵습니다.

늘 '원칙'만 따지며 일하는 사람은 머지않아 막다른 골목에 부딪힙니다. 그런 이들에게 늦기 전에 필요한 것은 바로, '원칙'과 함께 조화를 이루며 균형을 잡아주는 '마음', 즉 '배려'를 위한 사고방식입니다.

'배려의 프로'에게 배우는 실전 방법

제 소개가 늦었습니다. 저는 가와하라 레이코입

니다.

현재 '고객 충성도(고객과의 신뢰 관계 구축)' 분야를 기반으로 기업 대상 세미나, 영업 및 고객 응대 담당자를 위한 커뮤니케이션 스킬 강연 등을 하고 있습니다.

회사를 나와 독립한 지는 8년 정도 되었고, 그동안 200여 개 기업에서 2만여 명의 직장인을 대상으로 강연해 왔습니다. 이전에는 채용 정보 기업인 리쿠르트 홀딩스의 CS 추진실에서 근무했습니다. 이 부서는 사용자 문의와 불만 사항을 접수하는 '핫라인'을 운영하며, 수집한 의견을 상품과 서비스 개선, 고객 만족도 향상에 활용했습니다.

입사 초기에는 전화와 메일 응대를 담당했고, 경력이 쌓인 후에는 '책임자 나오라고 해.'라는 클레임 현장에 불려 가고는 했습니다.

그전에는 통신사에서 교육 분야 책임자로 일했던 경험이 있어, 리쿠르트에서도 교육팀 팀장을 맡아 다른 부서나 거래처를 대상으로 고객 응대에 관한 강연을 진행했습니다. 리쿠르트의 사업 부문인 쟈란(여행 예약), 젝시(결혼 정보), 핫 페퍼 뷰티(미용) 등이 주최하는 세미나와 포럼에서도 여러 차례 단상에 올랐습니다.

더 거슬러 올라가면, 미국에서 대학을 졸업한 뒤 캘리포니아대학교 본교가 있는 버클리에서 10여 년 동안 일식당을 운영하기도 했습니다.

그때부터 회사원 시기를 거쳐 지금에 이르기까지, 저는 늘 '손님'들과 마주하고 살아온 셈입니다.

이런 경험 덕분에 주변에 서비스업과 호스피탈리티 산업에 종사하는 지인이 많고, 커뮤니케이션 스킬과 관련된 정보도 꾸준히 접하고 있습니다. 서비스의 달인이라고 할 수 있는 그들로부터 다양한 현장의 접객 경험담을 듣기도 합니다.

그들의 경험담에서 배우는 것은, '당연히 해야 하는 일, 자연스러운 일'을 하고 있을 뿐이라는 사실입니다.

예를 들어, 인기 있는 료칸(일본의 전통적인 숙박시설)에서 부지배인으로 일했던 지인은 체크인할 때 손님이 어느 손으로 글씨를 쓰는지 살핀다고 합니다. 왼손잡이라면 식당 직원에게 미리 알려 손님의 젓가락 위치를 바꾼다는 것입니다.

또 손님이 천천히 걷는 모습을 보면, 무릎이나 허리가 불편한 상태일지도 모른다고 생각해서, 다음 날 아침에 손님을 배웅하기 전에 신발을 현관 가장자리에 있는 의자 옆에 둔다고 합니다.

'또 오고 싶다.'라는 생각이 드는 료칸에는, 손님들이 눈치채기 힘들 만큼 자연스러운 세심한 배려가 곳곳에 숨겨져 있습니다.

- 커다란 짐을 들고 가게 안으로 들어가자, 카트를 내밀어 주었다.
- 약을 먹으려 하자, 얼음이 없는 물을 가져다주었다.
- 재킷을 걸치자, 에어컨 온도를 높여주었다.
- 헛기침을 몇 번 하자, 사탕을 건네주었다.

이런 세심한 배려는 상대에게 편안함을 주는 것은 물론, 다른 선택지를 제치고 재방문을 결정하는 계기가 되기도 합니다. 앞서 이야기한 배려들은 서비스업 종사자들에게는 어쩌면 '당연히 해야 하는 일'에 불과할지도 모릅니다. 그러나 일반 회사원들에게 이 정도까지의 배려는 필요 없습니다.

저의 역할은 이러한 사례에서 힌트를 찾아, '직장인들에게 꼭 필요한 배려'로 가공해서 전달해 드리는 것입니다.

작은 배려가 만드는 인생의 차이

채용 면접을 보는 상황을 떠올려 보세요.

1, 2차 면접은 질문에 대한 정석적인 답변과 경력과 자격증 정도만 있으면 생각보다 무난히 통과할 수 있습니다. 그러나 최종 면접에 가까워질수록, 지원자 간의 능력 차이는 거의 없어집니다. 마지막에 채용을 결정하는 것은, 채용 담당자가 느끼는 말로 설명할 수 없는 어떤 느낌일 때가 많습니다.

- 대기실에서 다른 면접자에게 가볍게 말을 걸면서 분위기를 풀고 있었다.

- 이른 오전 면접임에도 '아침부터 시간을 내주셔서 감사합니다.'라며 인사를 건넸다.
- 그룹 면접이 끝난 뒤 다른 면접자의 의자를 정리했다.
- 다른 사람이 나갈 때까지 문을 잡아 주었다.
- '옆에 앉은 ○○ 씨가 말한 것처럼'이라며 다른 면접자의 이름과 의견을 기억하고 있었다.

어쩌면 바늘구멍 같은 취업문을 통과하는 사람은, 이런 작은 배려를 실천하는 사람일지도 모릅니다. 이처럼 보이지 않는 부분은, '배려'에 대한 생각의 차이에서 비롯됩니다. 그리고 그것은 결국 인생을 바꾸는 큰 힘으로 되돌아옵니다.

2022년 이그노벨 경제학상은 '재능보다 운이 좋은 사람이 성공하기 쉬운 이유'를 수학적으로 설명한 연구에 수여되었습니다. 이 연구는 '재능에 비해 운이 좋은 사람은, 재능은 뛰어나면서 운이 없는 사람보다 훨씬 더 큰 성공을 이룬다.'라는 결론을 내렸습니다. 인상적이었던 것은 '재능도 필요하지만, 재능만 있으면 불행해질 수 있다. 이는 행운이 오기만 기다리라는 의미가 아니다. 행운을 잡으려면 앞으로 나아가야 한다. 이번 연구를 통해 그 사실을 전하고 싶었다.'라는 논평이었습니다.

거래처에서 이런 말을 들었습니다.

"회사에서 한 사람만 더 데려와 주세요."

당신이라면 어떤 사람을 데려가시겠습니까? 실적이 뛰어나거나 경험이 풍부한 사람?

하지만 혹시라도 실례되는 발언을 할 가능성이 있거나 섬세함이 부족한 사람이라면, '이 사람은 좀……' 하고 망설일 것입니다. 그럴 바에는 '일을 열심히 하고 눈치가 빠른 후배'를 데려가는 편이 낫지 않을까요?

그 차이는 평소에 보여 주는 '사소한 일'에 있습니다. 우리는 '사소한 일'에 감동을 자주 합니다.

한번은 미국인 친구에게 선물을 주면서, 포장을 뜯기 쉽도록 테이프 끝을 살짝 접어 두었더니, 친구가 "와!"하며 기뻐했던 기억이 있습니다.

비즈니스에서도 마찬가지입니다. 말은 논리적이고, 자

료와 근거도 완벽하며 성과 역시 좋습니다. 그런데도 '왠지 함께 일하기 꺼려지는 사람'이라는 인상을 줘서 관계가 오래가지 않는 경우가 있습니다.

이처럼 사람과의 관계가 끊기는 원인을 자세히 들여다보면, 의외로 '배려의 부족'에서 비롯된 경우가 많습니다.

예를 들어, '손님을 마치 물건처럼 대했다.', '담당자의 이름조차 끝내 외우지 못했다.' 같은 작지만 불편한 경험들입니다.

반대로 말하면 이 정도의 배려만 있어도 '기회를 잡고', '다음 일로 이어지고', '왠지 운이 따라주는 것 같은' 삶을 만들 수 있는 것입니다.

어느 영업 매니저를 소개합니다. 그녀가 몸담았던 회사는 그야말로 총체적 난국이었습니다. 신입 사원들은 울면서 뛰쳐나가고, 중간 관리직은 아무리 가르쳐도 알아듣지 못한다며 늘 화를 냈습니다. 주위에서는 '언제쯤 제구실을 할 거냐?'라며 혀를 찼고, 자기 일만 해치우면 그만이라는 분위기가 팽배했습니다. 출근할 때마다 마주치는 사람들의 얼굴은 하나같이 어두웠습니다.

그런데 그 회사에 담당하는 신입 사원들을 순조롭게 성장시키는 직원이 한 명 있었습니다. 어느 날, 그녀가 바쁘게 일하던 그 직원에게 일을 부탁하자, 그는 망설임 없이 "물론이죠, 주세요."라고 대답했습니다. 그녀는 순간 놀랐습니다. 바쁜 와중에 갑자기 다른 일을 맡으면 누구라도 불만이 생기기 마련인데, 그는 '어차피 해야 할 일이라면 흔쾌히 받아들이는 편이 낫다.'라고 생각했습니다. 그래서 그 직원은 '주세요'라는 말 앞에 '물론이죠'를 덧붙였던 것입니다.

그때까지 그녀는, 말투는 단순한 성격 차이라고 생각했습니다. 하지만 사람들을 기분 좋게 만드는 그 직원의 말투는, 알고 보니 '배려'에서 비롯된 것이었습니다. 그리고 그런 배려는 '마음만 먹으면 누구나 할 수 있는 것'이기도 합니다.

그 순간부터 해야 한다고 알면서도 미뤄왔던 일들, 다시 말해 '나의 배려가 부족했던 부분'들이 눈에 들어오기 시작했습니다.

조직을 바꾸려면 자신부터 바뀌야 합니다.

그녀는 다른 사람의 따뜻한 말과 행동 중에, '괜찮다'라고 느낀 것들을 자신의 커뮤니케이션에 적용하기로 했습니다. 그러자 상사와의 대화가 늘었고, 건강한 관계의 고리가 상사에서 다른 팀원으로, 다시 팀원에서 다른 동료들로 점차 퍼져 나갔습니다.

결국 그녀는 계기를 마련해 준 그 직원이 승진하는 모습을 지켜봤습니다. 또 신입 사원이 울며 일을 배우던 분위기가 회사에서 완전히 사라진 것을 확인한 뒤 회사를 떠났습니다. 그리고 지금은 어느 기업에서 어엿한 인사부장으로 일하고 있습니다.

넘어야 할 '벽'과 넘어서는 안 되는 '벽'

지금까지 살펴본 배려의 장점은 이미 많은 책에서 이야기했을 것입니다. 이 책은 배려가 중요하다는 사실을 알면서도, 자신도 모르게 망설이게 되는 내향적인 사람과 섬세한 사람도 충분히 실천할 수 있도록 구체적인 방법에 초점을 맞추었습니다.

배려심을 발휘하기에 앞서 우리는 '두 개의 벽'을 마주합니다.

'자신 마음속의 벽'과 '상대 마음속의 벽'입니다.

우선 '자신 마음속의 벽'을 살펴보세요.

- 패기가 없어 보이는 신입 사원
- 일을 가르칠 때마다 떨떠름한 표정을 짓는 후배
- 서먹한 분위기만 감도는 회의실

이런 상황에 맞닥뜨리면, 무슨 말이든 행동이든 해야 한다고 생각합니다.

하지만 마음속에서는, '괜한 참견일지도 몰라.', '민폐만 끼치는 건 아닐까?', '나대는 사람처럼 보이면 어떡하지?' 이런 생각들로 미리 단정 짓고는, 결국 아무것도 하지 않는 쪽을 선택하게 됩니다. 벽을 넘어야 한다고 생각하면서도, 막상 그 벽을 넘지 못하는 것입니다. 그럴 때 생각의 실마리를 던져 주는 것이, 바로 이 책입니다. 자세한 내용은 본문에서 이야기하겠습니다.

넘어야 할 벽이 있는가 하면, 함부로 넘어서는 안 되는 벽도 있습니다.

바로, '상대 마음속의 벽'입니다.

당신은 다른 사람이 당신에게 조언하는 것을 좋아하시나요?

처음에는 고마운 마음으로 귀 기울여 듣겠지만, 이야기가 끝도 없이 길어지면 지겹다는 생각이 스멀스멀 올라올 것입니다. 사실 조언하는 사람의 관점에서 보면 상대의 고민을 이해하려고 애쓰고, 자신의 감정을 소모하면서까지 다가가는 것입니다.

하지만 조언하다 보면 자신도 모르게 '상대 마음속의 벽'을 넘기도 합니다. 아무리 좋은 조언도, 벽을 넘어버리면 '설교'가 됩니다.

게다가 상대에게서 만족스러운 반응이 돌아오지 않으면, '어렵게 시간을 내서 말해줬더니…….'라며 실망합니다. 결국, 말하는 사람도 듣는 사람도, 지치고 피곤해집니다.

배려라고 해서 무조건 좋은 것만은 아닙니다. 상대의 영역을 침범해서는 안 되고, 너무 지나쳐서도 안 되며, 물러날 때를 아는 것도 중요합니다.

우선 '내 마음에 벽이 있는 것'처럼, '상대의 마음에도 벽이 있다는 사실'을 명심해야 합니다. 이때 자기 자신을 기준으로 삼는 것이 좋습니다. 그렇게 하면 나도 상대도 피곤하지 않으면서도 적당한 거리감을 유지한 채 배려심을 발휘할 수 있습니다. 구체적인 방법은 본문에서 자세히 설명하겠습니다.

배려에 관한 책들에는 대체로 공통된 약점이 있습니다.

- 상대의 기분을 헤아리자
- 멀리 떨어져서 큰 그림을 보자
- 그 자리의 분위기를 파악하자

이런 조언들이 너무 쉬운 일처럼 쓰여있다는 것입니다. 저도 예전 세미나에서 비슷한 말을 했습니다만, 아무리 의지를 강조해도 실천할 수 있는 사람과 그렇지 못한 사람이 있다는 사실을 깨달았습니다.

다른 사람의 감정을 잘 파악하느냐 그렇지 못하느냐는 '타고난 기질'에 달려 있습니다.

요즘 자주 언급되는 'HSP(Highly Sensitive Person, 매우 예민한 사람)'도 마찬가지입니다. HSP라는 개념을 처음으로 선보인 미국의 심리학자 일레인 아론(Elaine N. Aron)의 연구에 따르면, 5명 중 1명은 '태어날 때부터 섬세한 사람'이라고 합니다.

섬세한 사람과 그렇지 않은 사람은 신경 시스템에 차이가 있으며, 같은 상황에서도 섬세한 사람은 다른 사람이 눈치채지 못하는 사소한 것까지 금방 알아차린다고 합니다.

반대로, 다른 사람의 감정이나 분위기를 잘 파악하지 못하는 사람도 있습니다. 이런 사람은 상황을 이해하거나 타인의 감정을 헤아리는 데 어려움을 겪는다는 사실이 밝혀졌습니다.

타고난 성격 덕분에 누구와도 허물없이 잘 지내는 사람들도 있습니다. 어릴 때부터 거리낌 없이 다양한 사람들과 어울려 온 이들은, 대체로 사교적인 성격으로 자라기 쉽습니다. 마치 부모님이 운영하는 가게를 제집처럼 드나들며 손님들과 자연스럽게 어울리는 어린아이를 떠올리면 이해하기 쉬울 것입니다. 하지만 그런 사람들을 예로 들며, '저 사람처럼 활발해지세요.', '긍정적으로 생각하세요.'라고 말해 봐야, 정작 듣는 사람만 난감해질 뿐입니다.

그래서 이 책에서는 다음과 같은 표현을 반복적으로 사용합니다.

"당신이 '눈치챘을 때', 벽을 넘으면 됩니다."

"배려의 프로에게서 힌트를 얻고, 누구나 할 수 있는 행동부터 시작해 봅시다."

배려가 필요한 순간이라는 것을 눈치채고도 망설이는 습관, 누구나 고칠 수 있습니다. 앞으로 이야기할 사고방식을 익히기만 하면 됩니다.

배려의 기준은 '내가 좋았던 기억'

먼저 이 책의 내용을 자신의 것으로 만들 수 있도록 도와주는, '판단 기준'을 설명하겠습니다. 그것은 다른 사람을 배려하는 구체적인 방법을 제시할 때마다, '내가 겪었을 때 좋았던 기억'이 있는지를 떠올려 보는 것입니다.

예를 들어, 메일을 짧게 쓰라고 조언했다고 합시다. 그다음에 당신이 할 일은 책에서 시키는 대로 당장 메일의 길이를 줄이는 것이 아니라, 먼저 당신의 기억을 떠올려봐야 합니다.

'첫 회사에서 같이 일한 부장님은 메일을 간결하면서 이해하기 쉽게 썼지.'

'프레젠테이션을 앞두고 긴장했을 때, 누군가에게 받은 짧은 메시지가 내게 큰 힘이 되었어.'

혹시 이런 식으로 떠오르는 경험이나 기억이 있나요? 만약 있다면, 그대로 해보세요.

반대로, 메일이 짧아서 좋았던 기억이 전혀 없다면 억지로 줄이지 않아도 됩니다. 이렇게 당신이 지금까지 받았던 '배려'의 경험을 하나하나 되짚어 보는 것입니다.

그 과정이 하나의 세트를 이루면 당신의 마음속에서 '그렇다면 벽을 넘어 볼까?'라는 기준이 자리 잡을 것입니다. 배려를 실천할지 말지를 판단하는 기준은 멀리서 찾을 필요가 없습니다. 그 답은 당신 안에 있습니다.

다른 사람의 답을 아무 생각 없이 따라 쓰지 말고, 스스로 수긍한 답을 행동으로 옮기면 됩니다. 이것이 바로 배려를 위한 첫걸음입니다.

지금까지 살면서, 당신은 수많은 사람에게 받은 배려를 마음에 소중히 간직하고 있을 것입니다. 특히 좋은 환경과 따뜻한 사람들 속에서 사회생활을 했다면, 더욱 그럴 것입니다. 당신의 성장을 진심으로 바랐던 선배들과 주변의 소중한 사람들을 떠올려 보세요. 이제는 당신 안에 차곡차곡 쌓아온 배려를, 후배들과 팀원 등 앞으로 만날 사람들에게 돌려줄 차례입니다.

조직 심리학자 애덤 그랜트(Adam Grant)는 사람을 세 가지 유형으로 구분했습니다.

- 테이커(Taker, 받기만 하는 사람)
- 기버(Giver, 베푸는 사람)
- 매처(matcher, 주는 것과 받는 것의 균형을 유지하려고 애쓰는 사람)

그리고 이들 가운데 가장 성공할 확률이 높은 유형은, '기버'라고 밝혔습니다.

우리가 지금부터 하려는 일은, 무의식적으로 '테이크'하기만 하던 자신을 벗어 던지고, 먼저 나서서 '기브'하는 것입니다. 이러한 배려의 고리를 하나씩 연결하다 보면, 더 멀리 나아갈 수 있습니다.

아들러 심리학으로 배우는 배려

우리는 어릴 때부터 '남에게 폐를 끼치면 안 된다.', '다른 사람이 싫어할 만한 일은 하지 말아야 한다.'라는 금기를 배우며 자랍니다. 이러한 금기들은 마음속에서 일종의 브레이크로 작용해, 우리 사회에서 '오지랖 넓은 사람들'을 점점 줄어들게 했습니다. 예전처럼 이웃과 음식을 나누는 문화도 이제는 거의 사라진 모습입니다.

이 책에서 소개하는 배려의 방법은 아들러 심리학을 바탕으로 합니다.

그중에 '과제 분리'라는 개념이 있습니다. 저의 은사이자, 아들러 심리학을 기반으로 상담과 강연을 펼쳐 온 휴먼길드의 설립자 이와이 도시노리(岩井 俊憲) 대표의 책을 인용해 보겠습니다.

"이는 어떤 문제를 놓고, 그것이 상대의 과제인지 나의 과제인지를 명확히 구분하고, 발을 들이지 않거나 발을 들이지 못하게 하는 것을 말한다. 인간관계의 문제는 이 경계선을 넘는 것에서 비롯된다."

(『인생을 크게 바꾸는 아들러 심리학 입문 (人生が大きく変わるアドラー心理学入門)』)

내가 겪었을 때 기분 좋았던 일을 누군가에게 하는 것은, '나의 과제'입니다.

그리고 그 배려를 상대가 어떻게 받아들일지는, '상대의 과제'입니다.

설령 당신의 배려가 상대에게, 오지랖이나 불필요한 간섭으로 여겨지더라도, 그것은 결국 '경험'이라는 이름의 성장 기회가 됩니다. 이러한 시행착오는 성장에 꼭 필요한 비료와도 같습니다. 어쩌면 인간관계에서 실수하는 것을 두려워하는 순간에, 우리의 성장은 멈추는 것일지도 모릅니다.

예를 들어, '가족 말고 다른 누군가에게 생일 선물을 한 번 줘보세요.'라는 말을 들으면, 어떤 기분이 드시나요?

평소 선물을 고를 때마다 골머리를 앓던 사람이라면, '무엇을 줘야 좋아할까?', '선물이라고 줬는데, 오히려 민폐가 되지는 않을까?'라는 등 수많은 생각이 머릿속을 맴돌 것입니다. 그러다 결국 내가 준 선물이 쓸모없는 물건처럼 여겨질 바에는, 차라리 주지 않는 것이 낫겠다는 결론에 이르기도 합니다.

하지만 아무것도 하지 않으면, 그 사람의 생일을 축하하지 않은 것과 같습니다. 말이나 행동으로 표현하지 않은 마음은, 상대에게 '없는 것(無)'이나 마찬가지입니다. 차라리 자신이 지금까지 받은 선물 중에 기분이 좋았던 것을 떠올려, 그걸 선물하는 편이 더 낫지 않을까요?

만약 당신이 보낸 선물이 상대에게 필요하지 않더라도, 그다음부터는 상대가 생각할 일입니다. 즉, 그것은 '상대의 과제'라는 것입니다.

저는 종종 술을 선물로 받곤 하는데, 문제는 제가 술을 전혀 마시지 못한다는 사실입니다. 그 술을 어떻게 할지는 '나의 과제'입니다. 실제로는 가족들이 기쁘게 마시고 있습니다. 선물 받은 술을 맛있게 마시는 가족들을 볼 때마다, 마치 제가 마시는 듯한 기분이 들곤 합니다.

'한 일에 대한 후회는 잠깐이지만, 하지 않은 일에 대한 후회는 오래간다.'

코넬대학교 심리학과 교수인 토머스 길로비치(Thomas Gilovich)가 한 유명한 말입니다.

또한, 호스피스 의사로서 3,500명을 보살펴 온 오자와 다케토시(小澤 竹俊) 역시, "현장에서 '가족들과 한 번이라도 더 여행을 갈 걸 그랬다.', '이것저것 더 도전해 볼 걸 그랬다.' 같은 말을 자주 듣는다."라고 말했습니다.

하나 더 기억해 두면 좋은 마음가짐이 있습니다.

아무리 많은 사람들이 불문율이나 매너라고 강조하더라도, '내가 직접 겪어보고, 기분이 좋지 않았다면 지키지 않아도 된다.'라는 것입니다.

'비즈니스 메일 작성은 어디까지 충실하게 지켜야 할까요?'

비즈니스 메일 강의를 하다 보면 자주 받는 질문입니다.

'보내드린 자료와 관련해 다른 의견이 있으시다면, 언제든 말씀해 주시기를 바랍니다.' 같은 딱딱하고 상투적인 문구를 꼭 써야 하는지 망설이는 것 같습니다. 흔히 쓰이는 표현이지만, 너무 사무적으로 보여서 쓰고 싶지 않은 사람들도 많을 것입니다.

그렇다면 쓰지 않아도 됩니다.

저는 리쿠르트에서 일하던 시절, 메일은 '상대의 메일을 읽고 해석하는 것'이 더 중요하다고 배웠고, 강사가 된 지금도 똑같이 가르치고 있습니다.

만약 상대가 '죄송하지만 조금 전에 본 자료를 보내 주실 수 있을까요?'처럼 비교적 가벼운 문체로 메일을 보냈다면, '또 필요한 자료가 있으면 언제든 말씀해 주세요.'처럼 비슷한 문체로 맞춰서 답하는 것이 훨씬 자연스럽고 보기 좋습니다.

앞서 말한 질문 역시, 정형화된 문구에 얽매일 필요가

없다고 조언하면, '힘을 빼고 쓰니 거래처의 반응이 좋아졌어요.' 같은 후기를 자주 듣습니다.

이때도 역시 '내가 겪었을 때 좋았는지'가 기준이 됩니다.

지금부터는 '눈치라는 벽'을 넘기 위해 필요한 사고방식을 알려드리겠습니다. 이 책에서 소개하는 구체적인 사례들은 어쩌면 '겨우 이거야?'라고 느껴질 만큼 사소할지도 모르겠지만, 상대의 마음을 움직이고 새로운 비즈니스 기회로 연결될 충분한 내용으로 골랐습니다.

사소하고 그냥 지나치기 쉬운 일일수록, 막상 실천하는 사람은 적고, 효과는 오히려 더 클 때가 많습니다. 앞으로 설명할 내용을, 당신의 경험과 비교하면서 틈틈이 실천해 보시길 바랍니다.

그럼, 시작해 볼까요?

| 차례 |

들어가며   009

서장   끌리는 사람에게는 뭔가 특별한 것이 있다   038

제1부
배려를 가로막는
두 개의 벽

01 '자신의 벽'을 넘는 법

자신의 벽 1	'대가를 바라지 않는 마음'에서 시작되는 배려	052
자신의 벽 2	'아침 인사'가 만드는 관계의 변화	055
자신의 벽 3	'죄송합니다'를 '감사합니다'로 바꾸기	059
자신의 벽 4	마음의 벽을 허무는 '이름 부르기'의 힘	062
자신의 벽 5	'외부 손님'에게 먼저 말 걸기	065

02 '상대의 벽'을 존중하는 법

상대의 벽 1	'거친 표현'은 되도록 사용하지 않기	070
상대의 벽 2	자신의 행동에 책임지고 얼버무리지 않기	073
상대의 벽 3	'말 걸기 어려운 표정은 아닌지' 자주 확인하기	076
상대의 벽 4	상담하러 온 사람에게 '의자 권하기'	081
상대의 벽 5	약속 시간보다 '15분' 일찍 도착하기	084
상대의 벽 6	'회신'을 부르는 메일 작성법	087

제2부
배려를 습관으로 만드는 다섯 가지 방법

01 결정 스트레스를 줄여주는 '한정'의 기술

한정 1	'질문의 부담'을 덜어주는 한마디	096
한정 2	형식적인 '괜찮아?'라는 말은 이제 그만!	100
한정 3	확실한 메시지에는 '단언'에 '작은 친절' 더하기	103
한정 4	'네' 같은 단답 대신 '문장으로 대답'하기	106

한정 5	메신저에서는 '빠르고 간결하게 답장'하기	109
한정 6	'상대의 시간'을 아껴주는 메일 작성법	112
한정 7	메일로 사과할 때는 '처음과 끝에만 언급'하기	115

02 상대의 불안을 덜어주는 '예고'의 힘

예고 1	전화 걸기 전 '메시지'로 먼저 물어보기	121
예고 2	'회의 중에 말을 시킬 것'이라고 미리 알려주기	124
예고 3	회의 분위기를 결정하는 '회의 시나리오'	127
예고 4	'회의 종료 시각'을 미리 정해두기	130
예고 5	오해를 없애는 '리마인드 메일' 활용법	133

03 답을 주기보다 정보를 나누는 '공유'의 태도

공유 1	'조언이 길어질 때' 하면 좋은 말	138
공유 2	'피드백'은 간결하고 분명하게 하기	141
공유 3	'한 번 지적한 내용'은 다시 언급하지 않기	145
공유 4	중요한 일을 앞둔 사람에게 '따뜻한 한마디' 전하기	149
공유 5	사전 조사로 얻은 내용을 '절대 과시하지 않기'	152
공유 6	업무의 목적을 '가시화'하기	157

04 상대의 공간을 존중하는 '영역'의 기술

영역 1	'마음에 드는 부분'은 있는 그대로 전하기	163
영역 2	지적하기 전에 '상대의 사정'부터 들어주기	166
영역 3	문제 제기 메일은 '난처함을 먼저' 전하고 '제안으로 마무리'하기	169
영역 4	부탁할 때는 '거절할 수 있는 여지'를 주기	173
영역 5	거절하는 메일은 '결론'부터 쓰기	179
영역 6	메일 속 '가벼운 대화'에도 반응하기	183

05 상대에게 안도감을 주는 '기억'의 힘

기억 1	'보이지 않는 수고' 기억하기	191
기억 2	'의기소침해진 동료'에게 먼저 다가가기	195
기억 3	칭찬은 '당사자가 없는 자리'에서 하기	198
기억 4	어떤 상황에서도 '그래도 다행이다'로 마무리하기	201
기억 5	'사소한 약속'이라도 꼭 지키기	205
기억 6	'거절 후'에도 관계를 이어가는 방법	208
기억 7	'오래 지속되는 관계'의 비결	212

나오며 216

| 서장 |

끌리는 사람에게는
뭔가 특별한 것이 있다

본론에 앞서, 나의 경험담을 하나 소개하고 싶다.

그때 처음으로 눈치에도 '벽'이 존재한다는 사실을 깨달았다. 시작은 미국에서 직장 생활을 하던 때였다.

나는 도쿄에서 학창 시절을 보내고, 미국 커뮤니티 칼리지로 진학했다. 학교를 졸업한 뒤에는 영주권을 얻어, 캘리포니아대학교 본교가 있는 버클리에서 일식당을 운영했다.

스물다섯 살 무렵, 나는 나이도 많고, 국적도 제각각인 열 명의 직원을 관리하게 되었다. 미국은 일본과 달리, 모국어나 문화권이 다른 사람들과 함께 일하는 경우가 많아,

합리적이면서도 '네'와 '아니오'를 분명하게 전달하는 운영 방식이 필요했다. 이후 30대가 되어 13년 만에 일본으로 돌아와 다시 직장 생활을 했다.

그때부터 인간관계에서 크고 작은 문제들이 하나둘씩 불거지기 시작했다.

남이 준 과자를 '다이어트 중이라 괜찮습니다.'라며 단호히 거절했다가 분위기를 망친 적도 있고, 회식 자리에서 주변 사람들의 술잔이 비어 있는지 살피지 않았다는 이유로 상사에게 충고를 받은 적도 있었다. 나도 모르는 사이, 미국에서 익힌 사무적인 태도가 몸에 밴 것이다. 그때부터 '겉치레'와 '분위기'에 대한 감각을 조금씩 되찾으며, 그것들을 다시금 진지하게 바라보기 시작했다. 가장 큰 차이점은 다른 사람과의 거리감이었다.

'맞아, 이곳 사람들은 이렇게 행동하지 않지······.'

'생각나는 대로 말하면 실례가 되는구나······.'

그동안 해왔던 나의 행동을 하나하나 다시 발견해 가던 날들이었다.

나는 원래 배려심이 깊은 사람이 아니었다. 그래서 실수할 때마다 선배와 상담하고, 다른 사람을 흉내 내며, 매너에 관한 책도 읽었다. 어느 정도 자리에 오르고, 팀원이 생긴 후에는 심리 상담을 공부하며 여러 시행착오를 겪기도 했다.

그리고 이 책 앞부분에서 이야기한 '배려의 프로'들에게서 많은 가르침을 얻었다.

수많은 실패 덕분에 '배려'의 중요성을 깨달았고, 이를 바탕으로 사내 강연을 할 수 있었다. 지금은 강사로 독립하여 다양한 업종의 사례들을 접하고 있다.

이러한 과정을 통해 설득력을 더하고 체계화한 개념이 바로, '**눈치라는 벽**'이다.

내향인에게도 '강점'은 있다

내가 특히 공들이는 분야는 '메일 작성'이다.

사람들 앞에서 말할 때는 즉흥적으로 말을 만들어내는 능력이 필요하다. 미리 준비하거나 이론으로 얼버무리는 데는 한계가 있다.

하지만 메일은 다르다. 아무리 말주변이 없고 내향적인 사람이라도, '메일'에서는 자신의 힘을 충분히 발휘할 수 있다. 그래서 메일은 훌륭한 무기가 된다.

누구나 자신만의 강점이 있다.

고민에 빠진 동료를 바로 도와주지 못하더라도, 나중에 더 든든하게 보듬어줄 수 있다. 처음에는 망설여지겠지만, '이 정도라면 나도 할 수 있겠다.' 싶은 배려를 하나씩 찾아보자.

1부에서는 '눈치라는 벽'의 개념을 소개한다. 핵심은 '자신 마음속의 벽'을 넘는 것이다. 그리고 '상대 마음속의 벽'도 존재한다는 사실을 알고 그 벽을 존중하는 것이다.

이 책 앞부분에서 말했듯, 배려할 때는 '내가 겪었을 때 좋았던 기억이 있는지'가 가장 중요한 기준이 된다.

지금부터 직장 생활을 하면서 '내가 겪었을 때 좋았던 일 목록'을 만들어 보자. 하루를 마무리하며 그날 있었던 일을 되돌아보고, 좋았던 일을 메모해 두는 것이다.

메모가 쌓이면 그것은 곧, '당신이 지금부터 해야 할 일 목록'으로 바뀐다. 이 목록을 주기적으로 돌아보면, 당신 마음속에 있던 벽은 점점 낮아질 것이다.

어렵지 않은 일이니, 오늘부터 당장 실천해 보자.

지금 당장은 '겪었을 때 좋았던 일'이 떠오르지 않을 수도 있다. 이럴 때 도움 되는 판단 기준이 있다.

바로 '스트레스를 느끼는 순간'이다.

스트레스를 줄여주는 사람의 '배려'를 기억하자

예를 들어, 당신은 어떤 때 스트레스를 느끼는가?

'답장을 기다리는 메일이 쌓여 있을 때'

'다른 직원에게 일을 부탁하다가 거절당할까 봐 불안할 때'

여러 가지 상황이 있을 수 있다.

그리고 이런 스트레스가 사라지면, 안도감과 기쁨이 찾아올 것이다. 결국 같이 일하고 싶은 사람은 바로, 이런 스트레스를 기꺼이 덜어주는 사람이 아닐까?

'부탁한 일을 흔쾌히 받아주었다.'

'회의가 물 흐르듯 매끄럽게 진행되었다.'

당신이 느끼던 스트레스가 줄었을 때는, 그 뒤에 누군가의 '배려'가 숨어 있다. 그 배려를 자세히 들여다보면, 다른 사람이 어떻게 '눈치라는 벽'을 넘었는지 알 수 있다.

그리고 그 방법을 자신의 상황에 맞게 활용하면 된다.

2부에서는 나의 경험뿐 아니라, 지금까지 가르쳐 온 2만여 명의 사례에서 모은, '이 사람과 같이 일하고 싶다는 생각이 들었다.', '일에 관한 관점이 180도 바뀌었다.'와 같은 다양한 '배려의 사례'를 소개한다. 모두가 어렴풋이 알고는 있지만, 쉽게 실천하지 못하는 사례들만 선별했다.

그리고 모든 사례를 관통하는 핵심은 바로, '다른 사람이 스트레스를 느끼는 순간을 파악하는 것'이다.

사람이 스트레스를 느끼는 순간을 한정, 예고, 공유, 영역, 기억이라는 다섯 가지 키워드로 정리했다. 간단히 설명하면 다음과 같다.

- 무언가를 결정해야 할 때 느끼는 스트레스
- 갑자기 일을 떠맡았을 때 느끼는 스트레스
- 간섭을 받을 때 느끼는 스트레스
- 자신의 공간이 침범당했을 때 느끼는 스트레스
- 외로울 때 느끼는 스트레스

이런 스트레스는 누구나 한 번쯤 경험해 본 적이 있을 것이다.

그리고 이 스트레스가 사라지는 순간, 우리는 편안함을 느끼고 '이 사람이 내 곁에 있어 줘서 고맙다.'라는 감정을 느끼게 된다. 그 결과, 일하기 좋은 회사 분위기와 신뢰로 맺어진 인간관계, 그리고 고객의 칭찬까지 얻을 수 있다.

앞서 '들어가며'에서 소개한 예시를 떠올려 보자.

- 미국인 친구가 입을 벌리며 감탄한 테이프 끝 처리
- '괜찮다'라고만 해도 될 상황에서, '물론이죠'라는 말을 덧붙인 직원
- 답장하기 쉽게 짧게 쓴 메일

이 모든 사례에는 다른 사람의 스트레스를 줄여 주는 '배려'가 숨어 있다.

목표는 100점이 아닌 '60점'

이 다섯 가지 스트레스를 줄여주기 위해 노력하는 사람들이 바로 서비스업 종사자들이다.

- 코스 요리나 오늘의 추천 메뉴로 선택지를 '한정'해 주는 식당
- 아침저녁으로 식사 시간을 '예고'해 주는 료칸
- 식재료를 구매하면 보관법까지 '공유'해 주는 백화점 지하 식품관
- 너무 가깝지도 멀지도 않은 거리에서 손님의 '영역'을 존중하는 종업원
- 손님의 취향과 대화 내용을 메모해서 '기억'해 두는 미용실

이들에게는 이러한 노력이 곧 본업이다.

물론 일반 직장인에게 서비스업 종사자들만큼의 배려를 기대하는 사람은 없다. '서비스의 프로'에게 100점짜리 배려가 필요하다면, 일반 직장인은 60점이면 충분하다.

자기 일이 어느 정도 정리되어 마음에 여유가 생기고, 그때 주변을 돌아보고 다른 사람을 조금 더 신경 쓸 수 있다면, 그것만으로도 충분하다.

내가 고객 응대 담당자들을 대상으로 진행하는 평가표에서도, 신입 사원의 합격 기준은 60점이다. 이는 곧 '**고객이 불만을 제기하지 않는 수준**'을 의미한다.

그다음에는 다른 사람의 배려를 자신의 것으로 만들어 가면서, 점차 70점, 80점으로 발전해 나가면 된다.

옆자리에 앉은 동료가 매일 100점짜리 배려를 베푼다고 상상해 보자. 처음에는 좋게 느껴질지 몰라도, 시간이 지날수록 점점 부담스러울 수 있다. 하는 사람도, 받는 사람도 피곤하다면, 그것은 더 이상 '배려'라고 할 수 없다. 서비스업에 종사하지 않는 일반인들이 일상에서 베푸는 배려는

60점 정도면 충분하다.

반대로, 단지 60점짜리 배려만으로도 '눈치라는 벽'을 넘지 못하는 사람과 비교하면, 압도적인 차이를 만들 수 있다. 그만큼 많은 사람들이, 인사처럼 간단한 배려조차 제대로 실천하지 못하고 있다는 것이다.

초일류의 배려가 필요한 것이 아니다.

지금 당장 할 수 있는 작은 배려부터 하나씩 늘려가 보자.

제1부

배려를 가로막는 두 개의 벽

01

'자신의 벽'을 넘는 법

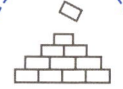

　1장에서는 가장 중요한 마음가짐에 대해 이야기하고자 한다. 이 책에서 설명하는 모든 방법론의 바탕이 되는 핵심적인 사고방식이기도 하다. 헷갈릴 때마다 여기로 돌아와서, 자기 생각을 다시 점검하고 다듬어 보기를 바란다.

　배려를 실천하는 데 있어 가장 큰 걸림돌은, 바로 **'말을 거는 순간'**이다. 하지만 그만큼, **먼저 말을 건다는 건 언제나 큰 힘을 발휘**한다.

예전에 알고 지내던 다부진 영업 사원은 "50번 거절당한 회사에 가서 51번째 '필요 없습니다.'를 듣고 오려고요."라고 말하며 사무실 문을 나섰다. 거절당하는 일조차 업무의 일부로 받아들이는 단단한 정신력을 가진 사람이었다.

하지만 모든 사람이 반드시 이런 강인한 정신력을 갖춰야 하는 것은 아니다. 더 낮은 문턱부터 하나씩 넘어가면 된다.

특히 평소에 논리적이고 효율적으로 일하는 사람에게는 이 작은 한 걸음이 매우 중요하다. 다른 사람과의 차이를 만들 기회이기도 하다. '뭐야, 겨우 이런 거였어?' 하고 시큰둥하게 넘기지 말고, 꼭 직접 행동으로 옮겨 보길 바란다.

자신의 벽 1

'대가를 바라지 않는 마음'에서 시작되는 배려

이익을 따지지 않고
행동하는 사람은 근사하다

'자신 마음속의 벽'을 넘기 위해서는 필요한 것이 있다. 그것은 바로, '남들이 보지 않을 때도 최선을 다하는 태도'이다. 우리 주변에는 '누가 보지 않으면 굳이 할 필요가 없다.'라는 생각이 널리 퍼져 있다. 전략적으로 보면 맞는 말일지도 모른다.

하지만 정말 중요한 순간, 자신의 벽을 넘기 위해서는 그것만으로는 부족하다. 누가 보고 있지 않더라도, '내가 겪었을 때 좋았던 일'을 실천하고, 효율만을 따지는 사고방식에서 벗어나야 한다.

다음 질문을 통해 나는 어떤 사람인지 한번 돌아보자.

- 자리에서 일어날 때 의자를 제자리에 넣는가?
- 회의실을 나서기 전 테이블에 물기가 남아 있는지 확인하는가?
- 화이트보드 펜이 잘 나오지 않으면 새것으로 바꿔놓는가?
- 파쇄기에 경고등이 들어오면 통을 비우는가?

이 모든 일은 마음만 먹으면 얼마든지 할 수 있다. 그런데도 '아무도 보지 않는데, 일하면 나만 손해다.'라며 눈앞의 이익과 손해만 계산하는 사람이 있다.

배려는 바로 이런 생각을 버리는 데서 시작된다.

누가 보지 않더라도 자신과의 약속은 지킨다

'뭐, 괜찮겠지' 하는 방심은 순간적인 행동에서 드러난다.

아무도 보지 않는다고 빨간불에 길을 건너기도 한다. 당장은 괜찮을지 몰라도, 언젠가는 사고로 이어질 수도 있다. 종교적 신념이 강한 나라에서는 '신이 보고 있다'라는 믿음 덕분에 윤리의식이 높다고 한다. 반면 그런 신념이 상대적으로 약한 곳에서는, 개인이 스스로 규칙을 정하고, 그 규칙을 철저히 지키는 태도가 필요하다.

'자기 자신에게 규칙을 부과하고, 한번 정한 규칙은 무슨 일이 있어도 지키자. 아무도 보고 있지 않을 때조차도 말이다.'

이런 태도가 몸에 배어 습관이 되고, 당연한 일이 되었을 때, 결국 누군가는 그 노력을 알아보게 마련이다. 무엇보다 중요한 건 순서다. 남보다 먼저, 자신에게 정직해지자.

'아침 인사'가 만드는 관계의 변화

눈을 마주치며 미소 지어보자

새로운 사람과 만나는 기회는 점점 줄고, 지위가 높아질수록 먼저 다른 사람에게 말을 거는 일이 쑥스럽다고 말하는 사람들이 많다. 같은 사무실에서 근무하면서도 메신저나 메일로만 대화하다 보면, 출근하자마자 옆자리 직원에게 '안녕하세요?'라고 한마디 인사한 것이 하루 동안 나눈 유일한 대화가 되기도 한다.

하지만 선배나 동료 직원이 먼저 말을 걸어주었던 순간을 떠올려 보자. 아무리 일이 쌓여 있어도, 은근히 기분이 좋아져, 나도 모르게 이런저런 이야기를 하게 되지 않았는가? 그런 경험이 있다면 '내가 겪었을 때 좋았는지'를 기준 삼아, 다른 사람들에게도 먼저 말을 걸어보자.

추천하는 방법은 출근하자마자 사무실에 '누가 있는지' 살펴보는 것이다. 굳이 모든 사람에게 일일이 말을 걸 필요는 없다. 사무실을 둘러보다 보면 누군가와 눈이 마주치거나, 뒤이어 출근한 사람이 스쳐 지나가는 순간이 있기 마련이다. 그때 가볍게 인사하면 전혀 어색하지 않다. 눈치가 둔한 사람은 자리에 앉자마자 일에만 몰두하느라 누가 나가고 누가 들어오는지도 모른다. 그런 모습은 되도록 피하는 게 좋다.

대화할수록 늘어나는 어휘력

평소에 대화를 자주 하지 않으면, 정작 말을 해야 하는 중요한 순간에 적절한 단어가 떠오르지 않아 곤란할 때도 있다.

영업직 직원들을 대상으로 역할극 수업을 진행하다 보

면, 해마다 참가자들의 어휘력이 점점 낮아지고 있다는 사실을 느끼게 된다. 사용하는 단어의 폭이 좁아, 늘 쓰던 말만 반복하는 것이다.

예를 들어, '계약 기간에는 무료로 유지보수가 지원되니 안심하셔도 됩니다. 중간에 요금제 변경도 가능하니 안심하십시오.'라는 말처럼, '안심'이라는 단어만 몇 번이나 반복하는 식이다. 같은 표현을 남발하면, 듣는 사람은 오히려 '그렇게까지 걱정할 일은 아닌데'라며 불편하게 느낄 수도 있다.

결정적인 비즈니스 순간에는 평소에 자신이 쓰던 말이 그대로 드러난다. 그래서 '자신 마음속의 벽'을 넘어서 다른 사람과 대화할 기회를 의식적으로 많이 만들어 보는 것이 중요하다. 출근 시간이라면 인사 뒤에, '주말 잘 보냈어요?' 같은 짧은 질문을 덧붙이면 좋다. 또, 자료 표지에 날짜가 빠졌다는 식의 사소한 일은 메신저로 전하기보다, 직접 자리로 가서 말하면 상대도 웃으며 가볍게 받아들이기 쉽다.

혹시 말을 걸고 싶어도 '마음의 벽'에 막혀 주저하게 된다면 이렇게 생각해 보자.

'출근은 출입 카드를 단말기에 찍는 순간이 아니라, 동료와 처음으로 말을 주고받는 순간부터 시작이라고.'

어떻게 하면 먼저 말을 걸 수 있을지, 다양한 계기를 고민해 보자.

'죄송합니다'를
'감사합니다'로 바꾸기

너무 미안해하면
오히려 분위기는 더 무거워진다

여러 사람 앞에서 말할 때는 자신도 모르게 주눅 들기 쉽다. 하지만 연차가 쌓이면, 적성에 상관없이 어쩔 수 없이 맡게 되는 역할 중 하나가 바로 회의 진행자다.

회의실에 흐르는 어색한 침묵은 진행자가 넘어야 할 첫 번째 관문이다. 참석자들이 돌아가며 한마디씩 하는 '아이스 브레이킹' 시간을 가질 수도 있지만, 인원이 많으면 이마저도 쉽지 않다. 결국 회의 분위기를 바꿀 말 한마디를 찾느라 시간을 보내기도 한다.

그런 상황에서도 회의 분위기를 자연스럽게 만드는 사

람들에게는 공통점이 있다. 바로 '감사합니다'라는 말을 자주 사용한다는 것이다.

사소해 보이지만, 다음 문장에서 '죄송합니다'를 '감사합니다'로 바꿔 보면 그 차이를 느낄 수 있다.

"지금부터 월간 회의를 시작하겠습니다. 다들 바쁘실 텐데 아침부터 모이게 해서 죄송합니다."
"○○ 씨, 휴가에서 복귀하셨네요. 정신없으실 텐데 일을 부탁드려 죄송합니다."

이 표현들은 마치 자신이 잘못한 사람처럼 보이거나, 상대가 불편해하고 있다는 인상을 줄 수 있다.

특히 내향적인 사람일수록 '죄송합니다'를 자주 사용하는 경향이 있다.

사소한 말버릇이 나의 인상을 바꾼다

상대를 배려하고 싶다면 '죄송합니다' 대신 '감사

합니다'라고 말해보자. 이것만으로도 말의 인상이 확 달라진다. 다음 문장을 비교해 보자. 분위기가 훨씬 긍정적으로 바뀐 것이 느껴질 것이다.

바쁘실 텐데 감사합니다. (○)
바쁘신데 귀찮게 해서 죄송합니다. (×)

우리는 일상에서 '죄송합니다'라는 말을 필요 이상으로 자주 사용한다. 하지만 대부분은 '죄송합니다'를 '감사합니다'로 바꿔 쓸 수 있다. 그렇다면 처음부터 '감사합니다'를 쓰는 편이 낫지 않을까?

말버릇처럼 '죄송합니다'가 먼저 나왔다면, 뒤에 '감사합니다'를 덧붙여 효과를 상쇄하면 된다. 그 한마디만으로도 당신에 대한 인상은 훨씬 좋아질 것이다.

마음의 벽을 허무는 '이름 부르기'의 힘

자신의 이름이 불리면 대부분 좋아한다

일하다 보면 어떤 말을 꺼내야 할지 몰라 침묵이 흐르는 순간이 있다.

회의 시작 직전을 떠올려 보자. 회의실 문이 열리고, 직원들이 하나둘 들어온다. 진행자는 자료는 잘 챙겼는지, 빠진 사람은 없는지 확인하느라 분주하다. 그 사이 회의실에는 어색한 정적이 흐른다. 많은 사람들은 이런 순간을 어색해하고 불편해한다. '전화 영업에서의 첫마디'나 '명함을 교환한 직후의 몇 초'도 마찬가지다.

사람의 첫인상은 15초 만에 결정된다고 한다. 특히 전화 영업에서는 연결된 순간부터 15초 안에 상대가 '좀 더 이야기를 들어 볼까?'라고 생각하게 만드는 것이 중요하다. 이때야말로 '자신 마음속의 벽'을 넘어야 하는 순간이다.

이 15초를 잘 활용하려면 어떻게 해야 할까?

이름만 기억해도 호감도는 상승한다

'네임 콜링 효과'라는 말을 들어 본 적이 있을 것이다. 말 그대로 상대의 이름을 불러주는 것만으로도 긍정적인 반응을 기대할 수 있는 현상이다.

"안녕하세요?" 대신 "○○ 씨, 안녕하세요?" 하고 이름을 덧붙이면, 상대는 더 큰 친근감을 느끼고 둘 사이의 거리감도 줄어든다. 이름을 계기로 소소한 이야깃거리가 생기기도 하고, 내가 먼저 상대의 이름을 부르면 상대도 "가와하라 씨, 안녕하세요?"라고 돌려줄 때가 많다.

서로 명함을 주고받은 직후에도 마찬가지다. 의식적으로 상대의 이름을 몇 번 되뇌어보자.

상대의 이름을 확인하듯이 대화해보는 것이다. 명함을

받고, 시간이 한참 지났는데도 손에 쥔 명함을 힐끗거리며 "어, 그러니까 ○○ 씨는……" 하고 대화를 이어가는 사람이 있다.

그때는 이미 늦었다.

처음부터 상대의 이름을 여러 번 되뇌어 두면, 나중에는 얼굴만 봐도 자연스럽게 이름을 말하게 된다. 이런 사람이 되면, 당신에 대한 호감도는 분명히 높아진다.

특히 상대가 젊은 사람이라면 이름을 불렀을 때 은근히 좋아하는 경우가 많다. 겉으로 티 내지 않더라도, 자존감이 높아지고 뿌듯한 기분이 들기 때문이다.

상대의 이름을 외우기 위해서라도, 조금 과하다 싶을 만큼 자주 부르는 것이 좋다. 이것만 명심해도 당신은 '자신 마음속의 벽'을 넘을 수 있을 것이다.

'외부 손님'에게
먼저 말 걸기

작은 배려 하나가
당신과 회사의 이미지를 바꾼다

처음 찾아간 곳에서 어디로 가야 할지 몰라, 출입문이나 안내데스크 주변을 두리번거린 경험이 한 번쯤 있을 것이다. 약속 시간에 겨우 맞춰 도착했다면, 그 불안함은 더 커진다. 그럴 때 지나가던 누군가가 "무슨 일로 오셨나요?"라고 말을 걸어주면, 그 한마디가 마치 한 줄기 빛처럼 느껴진다. 이처럼 '내가 불안했던 경험' 속에는 '눈치라는 벽'을 넘는 데 도움이 되는 힌트가 숨어 있다.

안내데스크 근처에서 담당자를 기다리다 보면, 어떤 회사는 직원이 먼저 다가와 "여기 앉아서 기다리세요." 하고 먼저 말을 건넨다. 이런 회사는 손님에 대한 배려가 회사 전체의 문화로 자리 잡은 곳일 가능성이 크다.

우리는 난감한 상황에서, 누가 먼저 말을 걸어주면 마음이 놓인다. 그런데도 '뭐, 내가 굳이 알려주지 않아도 알아서 잘하겠지.'라거나 '다른 사람이 말을 걸어주겠지.' 하고 넘겨짚게 되는 이유는 무엇일까?

자연스럽게 말 거는 방법

고객은 '수요층→잠재 고객→최초 이용 고객→단골→충성 고객'을 거쳐 마침내 '열성팬'이 된다. 눈앞의 손님은 단순히 거래처 관계자이기 전에, 우리 회사의 상품이나 서비스를 이용할지도 모르는 잠재 고객이다. 소비자가 상품이나 서비스를 고를 때, '이왕이면, 평소 나한테 잘해주는 그 회사 제품을 구매하자.'라고 생각하는 건 매우 자연스러운 일이다.

'자신 마음속의 벽'을 넘어, 이렇게 말을 건네보자.

"약속이 있어서 찾아오셨나요?"

"어떤 분을 찾으시나요?"

"제가 대신 그분께 말씀을 전해드릴까요?"

자연스럽게 말을 거는 방법이 있다. '좋은 일을 해야지' 라는 다짐보다는, '무슨 상황인지 궁금한데 한번 알아볼까?'처럼 가벼운 마음으로 다가가는 것이다. 감사 인사를 받지 못하거나 오지랖 넓은 사람처럼 보여도 괜찮다. 52쪽에서 설명했듯, 대가를 바라지 않는 마음이 더 중요하다.

여기에 하나 더 덧붙이자면, 당신이 거래처를 방문했을 때 누군가 먼저 도움의 손길을 내민다면, "아, 괜찮습니다." 라고 딱 잘라 거절하지 않도록 하자. 상대 역시 마음속의 벽을 넘어 용기 내어 말을 걸어준 것이다.

"상품기획부의 ○○ 님을 기다리고 있어요. 감사합니다." 하고 고마움을 전하는 것이 훨씬 좋다. 혹여 당황하더라도 여유를 갖고 대답하려고 노력해 보자.

02

'상대의 벽'을 존중하는 법

'자신의 벽'을 어떻게 넘는지 감이 잡혔다면, 이번에는 '상대의 벽을 존중하는 법'을 익혀보자.

출근하자마자 다른 직원이 말을 걸어오면 처음에는 반갑지만, 이야기가 길어질수록 슬슬 일을 시작해야겠다는 생각이 든다. 그때 우리는 '**눈치껏 이제 그만했으면 좋겠다.**'라고 바라게 된다. 물러날 때를 모르면 선을 넘어 상대의 영역을 침범하는 것이다.

자신에게 마음의 벽이 있듯이, 상대에게도 마음의

벽이 있다. 너무나 당연한 이 사실을 우리는 종종 잊어버린다. 그리고 눈치채지 못하는 사이, 어느새 선을 넘고 있을지도 모른다.

1장에서 이야기했듯, 자신의 벽을 넘는 것이 '**액셀**'이라면, 상대의 벽을 존중하는 것은 '**브레이크**'이다. 상대가 먼저 말을 걸지 않는다고, 상대에게 잘못이 있다고 단정하기보다, 먼저 자신의 태도를 돌아보자. 이것이 바로 '들어가며'에서 설명한 '**과제 분리**'의 개념이다.

항상 자신을 주체로 삼고, 상황에 맞게 배려를 실천할 수 있도록 노력하자.

상대의 벽 1

'거친 표현'은 되도록 사용하지 않기

고객과 상품, 그리고 거래처를 이야기할 때는
언제나 정중함을 잊지 말자

 우리는 때로 다른 사람과 친해지려고 괜히 거친 표현을 쓸 때가 있다.
 그리고 업무에 익숙해질수록 자기도 모르게 거친 말이 나올 때도 있다.

"거래처에 메일 한 통 갈겨줘."
"그 보고서 대충 뭉개버려."
"중요한 회의니까 제대로 밟고 와."

말하는 사람은 나쁜 뜻 없이, 또는 들뜬 기분에 내뱉었을지 모르지만, 듣는 사람은 마음이 불편해지기 마련이다. 특히 남자들 사이에서 흔히 보이는 모습인데, 거친 표현을 써야 멋있어 보인다는 생각은 착각에 불과하다.

앞뒤가 다른 말투는 문제를 일으킨다

앞서 예로 든 말투가 찜찜하게 느껴지는 이유는, 사람을 마치 물건 다루듯 대하는 태도 때문일 것이다. 거친 표현이 습관이 되면 오만한 태도가 몸에 배기 쉽다.

또한, 고객이나 상품, 거래처에 대해 뒤에서 험담하면 그 말이 어떻게 퍼져 나갈지, 사람들이 당신을 어떻게 평가할지는 아무도 알 수 없다.

당신의 뒷담화를 듣는 사람들이 당신 앞에서는 모두 동의하는 듯해 보여도, 실제 속마음은 그렇지 않을 가능성이 크다.

그렇다고 해서 상대의 기분에 지나치게 신경 쓰다 보면,

말이 길어지고 복잡해져 서로 피곤할 수도 있다. 동료에게 일을 부탁할 때도, "부탁하고 싶은 일이 있는데, 힘들면 거절해도 되고…….", "안 그래도 바쁜데 나까지 일을 맡겨서 미안하지만……."처럼 지나치게 정중하면, 오히려 상대가 당신에게 거리감을 느낄 수 있다.

모든 말을 늘 공손하게 할 수는 없겠지만, 특히 고객이나 상품, 거래처 이야기를 할 때만큼은 예의 바르게 말하는 습관을 들이자. 언제 어디서나, 남들 앞에서나 뒤에서나 정중한 사람은 좋은 인상을 남긴다.

자신의 행동에 책임지고
얼버무리지 않기

자신 있게 말해야 상대도 안심할 수 있다

영업 담당자를 대상으로 진행하는 연수에서는, 실제 통화 녹음본을 들으며 대화를 점검하는 과정이 있다. 이는 상대의 말을 잘 듣고 있는지, 내용을 이해하기 쉽게 설명하는지를 확인하기 위해서다. 이 과정에서, 일의 진행 상황을 '얼버무리는' 듯한 표현들이 특히 귀에 거슬린다.

예를 들어, 다음 문장들을 소리 내어 읽어보자.

"일단 입고 전에 검수는 하고 있습니다."
"우선 자료를 드리겠습니다."

"마음에 드실지 모르겠지만, 견적서를 보내겠습니다."

특히 내향적인 사람일수록 조심스러운 마음에 이런 말투를 많이 쓴다. 그런데 듣는 사람은 자신감이 없어 보이고 무책임해 보인다는 인상을 받을 수 있다. 한두 번은 괜찮지만, 이런 표현이 반복되면 신뢰가 흔들릴 수도 있다.

'일단' 검수한다고 하면 정말 꼼꼼히 확인했는지 의문이 들고, '우선' 보낸 자료는 왠지 미완성일 것 같아 신뢰가 가지 않는다. 견적서에 '마음에 드실지 모르겠지만'이라는 말을 덧붙여 보내는 것은, 차라리 보내지 않는 것만 못하다.

이런 표현들은 의도가 어떻든 결국 '**변명**'처럼 들린다. 상대는 자신이 뒤로 밀렸다고 느끼거나, 당신이 선을 긋고 있다는 느낌을 받을 수도 있다. 맞는 말이어도 왠지 기분이 나쁘다면, 아마 이런 표현들이 원인일 때가 많다. 당신이 변명만 늘어놓는다고 생각한 상대가, '벽'을 느끼기 시작한 것이다.

주저하지 말고 딱 잘라 말하자

변명처럼 들릴 수 있는 표현은 과감하게 버리자.

"입고 전에 검수를 거치고 있습니다."

"자료를 드리겠습니다."

"견적서를 보내겠습니다."

자신이 한 일이라면 얼버무리지 말고, 딱 잘라서 당당하게 말하면 된다. 듣는 사람은 애매한 표현들이 얼마나 불필요한지 금방 알 수 있다.

이런 습관을 바꾸기 위해서는, 자신의 말버릇을 인정하는 것이 우선이다. 변명 같은 말을 줄일수록 당신에 대한 상대의 신뢰는 달라질 것이다. 짧은 한마디라도 가볍게 넘기지 말고, 상대에게 거리감을 주는 말은 하지 말자.

> 상대의 벽 3

'말 걸기 어려운 표정은 아닌지' 자주 확인하기

먼저 말을 걸지 않아도 잘못한 것은 아니다

'일이 커질 것 같으면 미리 보고했어야지.'

꾸물대는 팀원을 보며 이런 불만을 느낀 적은 없는가? 하지만 당신도 신입 사원이었을 때, 상사에게 말을 걸기가 겁나서 보고를 미룬 경험이 있을 것이다. 그 이유는 대부분 비슷하다.

'바빠 보이는데 방해가 될까 봐', '그런 것도 모르냐고 혼날까 봐' 같은 심리적인 이유가 크다. 우리는 자신이 생각하는 것보다 훨씬 더 '말 걸기 어려운 느낌'을 주고 있는지도 모른다.

상사에게 어려운 이야기를 꺼내야 할 때, 미리 상사의 일정을 살펴보고, 기분이 괜찮을 시간을 골라 말을 건다는 직원도 있다. 일종의 처세술이라고 할 수 있지만, 사실 그리 큰 의미가 있는 능력은 아니다. 차라리 그 시간과 에너지를 다른 일에 쓰는 편이 낫지 않을까 싶다.

거울을 가까이에 두자

역시 상사가 먼저 나서서 말을 걸기 좋은 분위기를 만드는 것이 중요하다. 얼굴에서 불만 섞인 표정을 없애는 방법은 의외로 간단하다.

사무실 책상 위에 거울을 두어 보자. '말 걸기 어려운 인상'은 대체로 굳은 표정에서 만들어진다. 거울을 힐끗 보기만 해도, 어떤 표정을 짓고 있는지 알 수 있다.

어느 리더는 일하는 도중 거울을 보다가, 자신이 생각한 것보다 미간 주름이 깊다는 사실을 깨달았다. 그 이유가 시력이 예전보다 많이 떨어졌기 때문임을 알고, 안경을 새로 맞췄더니 표정이 한결 부드러워졌다고 한다.

물론 항상 웃고 있으라는 이야기는 아니다. 일하다가 문득 생각날 때 얼굴 근육을 가볍게 풀어주는 것만으로도, 당신을 둘러싼 냉랭한 분위기가 훨씬 부드러워질 것이다.

또한, 몸 상태가 좋지 않거나, 중요한 프로젝트 마감을 앞두고 여유가 없을 때는, 그 사실을 미리 주변에 알려주는 것도 좋은 방법이다.

"그날은 종일 자리를 비우기 어려우니, 급한 일이 있으면 메일로 남겨 주세요. 나중에 꼭 답장하겠습니다."

이렇게 미리 알려주면 팀원들도 부담 없이 메일을 보낼 수 있게 된다. 불쾌한 기분을 숨길 수 없는 날이라면 미리 선을 그어두자. 그렇게 하면 상대가 느끼는 심리적 장벽도 훨씬 낮아질 것이다.

화면 속 자신의 얼굴을 점검하자

요즘에 부쩍 늘어난 상담 요청 내용이, '온라인 회의'에 관한 것이다.

회의나 발표를 앞두고 내용을 열심히 준비하는 것은 당연하고, 상대에게 내가 '어떻게 보일지'도 신경을 써야 한다.

온라인 회의를 하다 보면 실내가 어둡거나 역광 때문에 얼굴에 그림자가 질 때도 있다. 아무리 발표 내용이 훌륭해도, 표정이 잘 보이지 않는 발표자의 말에 신뢰가 가지 않을 수 있다. 또 얼굴이 제대로 보이지 않으면, 상대의 집중력도 쉽게 떨어질 수 있다.

가능하다면 화상 회의용 조명을 준비하거나, 실내조명이 밝은 자리나 햇빛이 잘 드는 창가로 자리를 옮기는 것도 좋은 방법이다.

얼굴이 잘 보이고, 맞장구나 박수 등의 동작으로 '회의에 참여하고 있다'라는 사실이 시각적으로 잘 전해지면, 상대는 꽤 안심할 수 있다. 다만, 움직임이 지나치면 화면이 산만해질 수 있다.

한 강사가 이런 고충을 토로한 적이 있다.

"수업을 열심히 듣고 있다는 걸 보여 주려고, 고개를 과하게 끄덕이는 분이 있었어요. 그런데 막상 확인해 보면 수업 내용을 제대로 이해하는 것도 아니더라고요."

긍정의 표현이 목적 그 자체가 되지 않도록 주의하자.

온라인 회의에서 얼굴 공개가 필요한가에 대해서는 의견이 분분하다. 회사에 따라서는 프로그램 속도가 느려진다는 이유로 비디오를 끄도록 권하는 곳도 있다고 한다. 하지만 선택할 수 있다면 '내가 겪었을 때 좋을지'를 기준으로 삼자.

나는 얼굴이 보이는 게 좋다고 생각하기 때문에, 주저 없이 화면을 켜고 회의에 참여할 것이다. 당신도 같은 생각이라면 먼저 화면을 켜는 것이 좋다.

상대의 벽 4

상담하러 온 사람에게 '의자 권하기'

둘 중 한 사람만 앉아 있으면
자칫 상하 관계처럼 보일 수 있다

상사에게 불려 가서 한참 동안 선 채로 이야기를 들은 경험은, 누구에게나 한 번쯤 있을 것이다. 꼭 상사가 아니더라도 동료에게 잠깐 전할 말이 있어 찾아갔다가 한 사람은 앉아 있고 다른 한 사람은 서 있는 어색한 상황이 벌어지기도 한다.

이야기가 길어질 것 같다면 가볍게 말해보자.

"앉아서 이야기할까요?"

"옆에 있는 의자 가져와서 앉으세요."

이 한마디만으로도 분위기가 한결 부드러워진다.

서 있는 사람은 크게 불편하지 않을 수도 있지만, 주변 사람들 눈에는 마치 상대를 벌주듯 세워놓고 이야기하는 것처럼 보일 수 있다. 혼자서만 앉아 있다는 사실을 알아차렸다면, 먼저 의자를 권하도록 하자.

조언할 때도 '상대의 벽'을 존중한다

후배나 동료가 당신의 의견을 듣고 싶다며 찾아오면, 옆에 있는 의자를 내어주자.

서로 눈높이를 맞추면 상대도 훨씬 편안해지고, '이 순간만큼은 당신의 이야기에 집중하겠습니다.'라는 경청의 태도가 자연스럽게 전해진다.

만약 급한 일이 있어서 바로 면담하기가 어렵다면, 이렇게 말해보자.

"10분만 기다려 줄래요? 일이 끝나는 대로 제가 찾아갈게요."

"5분 정도는 괜찮은데, 혹시 시간이 더 필요할까요?"

두 사람 모두 이야기를 나눌 준비가 되면 면담을 시작

한다. 당신에게 면담을 요청한 사람도 적절한 때를 살피고, 어떤 말로 부탁할지 고민하며 용기를 내 '마음의 벽'을 넘어왔을 것이다. 그 노력을 생각하면, 상대를 세워 둔 채로 이야기를 대충 듣거나 바쁘다는 이유로 매몰차게 거절하기란 쉽지 않을 것이다.

또한, 조언할 때는 지나치지 않도록 주의하자.

도움을 주고 있다는 생각에 괜히 들떠서, 내가 가진 지식을 늘어놓는 일은 피해야 한다.

상대는 간단한 조언을 구하고 싶었을 뿐인데, 일어나지도 않을 상황까지 가정하며 상대를 피곤하게 만들고 있지는 않은지 되돌아봐야 한다. 자세한 내용은 뒤에서 다루겠지만, 피드백이든 조언이든 핵심은 '짧게'다. 필요할 때마다 흔쾌히 면담 요청을 받아주는 선배가 있다면, 신입 사원의 업무 능력은 빠르게 성장할 것이다.

상대의 벽 5

약속 시간보다 '15분' 일찍 도착하기

서두른 느낌은 상대를 불편하게 만든다

몸가짐을 단정히 하라는 말은 이제 너무나 익숙해, 새삼 언급하기조차 민망하다. 하지만 평소 몸가짐에 신경 쓰는 사람조차도 종종 놓치는 순간이 있다.

바로, '고객이나 거래처를 찾아갈 때'다.

보통 비즈니스 매너 교육에서는 흔히 약속 시간보다 5분 일찍 도착하라고 가르친다. 하지만 5분 전에 도착하는 것을 목표로 하면, 작은 변수에도 약속 장소에 헐레벌떡 뛰어가게 된다. 그리고 이 서두른 느낌은 상대에게 고스란히 전해진다.

땀에 젖은 이마, 가빠진 숨, 헝클어진 머리카락과 옷차림……. 당신이 생각하는 것보다 훨씬 더 흐트러져 보이기 쉽다.

아무리 화려한 경력을 자랑하는 사람이라도 미리 준비하지 않으면 이런 상황을 피하기 어렵다. 누군가는 이렇게 허겁지겁 도착하면 오히려 '열심히 왔다'라는 인상을 줄 수 있다고 착각하지만, 사실은 준비성이 부족하다는 인상을 줄 뿐이다.

깔끔한 첫인상은 신뢰로 이어진다

반대로 당신이 거래처 직원을 맞이하는 상황을 생각해 보자.

땀범벅이 된 채 헐레벌떡 들어오는 사람과, 침착하고 단정하게 들어오는 사람 중 누구에게 일을 맡기고 싶겠는가? 당연히 후자일 것이다. 그래서 고객이나 거래처를 방문할 때는 목적지에 '15분 일찍' 도착하는 습관을 들이자. 옷차림을 정돈하고, 잠시 숨도 고를 여유를 갖는 것이 좋다.

예전에 영업 사원을 따라서 몇 번 외근을 나간 적이 있는데, 유능한 영업 사원일수록 날씨와 계절에 상관없이 언제나 단정한 모습이었다. 그들은 깔끔한 첫인상이, 신뢰로 이어진다는 사실을 잘 알고 있었기 때문이다.

반대로 당신이 급하게 도착했다면 어떻게 될까?

"시원한 음료수라도 드릴까요?"

"에어컨 온도 낮춰 드릴게요."

상대는 숨 가쁘게 들어온 당신이 계속 마음에 걸릴 것이다. 이런 상황에서 '상대 마음속의 벽'이 낮아질 리 없다. 비즈니스 미팅을 자연스럽고 편안하게 시작하고 싶다면, 15분 먼저 도착해서 침착함을 유지하고, 외모를 점검하는 시간을 반드시 확보하자.

'회신'을 부르는
메일 작성법

> 답장이 오느냐 마느냐는
> 당신의 배려에 달려 있다

상대에 대한 존중은 상대의 시간을 얼마나 소중히 여기느냐에 달려 있다. 심지어 '메일 쓰는 방식'에서도 상대에 대한 존중과 배려가 고스란히 드러난다. 많이 듣는 고민 중 하나가, '메일로 질문을 여러 개 보냈는데, 몇 가지만 답이 돌아온다.'라는 것이다.

둔감한 사람은 상대가 메일을 꼼꼼히 읽지 않았다며 상대에게 책임을 떠넘기지만, 꼭 상대만의 잘못은 아니다. 상대를 비난하기 전에, 메일을 쓸 때 당신의 배려가 부족하지 않았는지를 돌아볼 필요가 있다.

예를 들어, 전화로 예약 문의를 한 식당에서 다음과 같은 메일을 받는다면 어떻겠는가?

'번거로우시겠지만 예약 일자와 시간, 인원, 미취학 아동 수, 방문 목적을 적어 3월 15일(화)까지 보내주세요.'

한 번만 읽고 모든 항목을 빠짐없이 적기란 생각보다 쉽지 않다. 결국 무언가 하나를 빠트리고, 그 빠트린 부분을 다시 확인하느라 메일을 주고받는 횟수만 늘어난다. 그러면서 서로는 점점 귀찮게 느낄 것이다.

답장하고 싶어지는 메일

이럴 때는 아래 예시처럼 질문마다 번호를 붙이고 줄을 바꿔 쓰는 것이 훨씬 낫다. 번호를 붙이고 줄을 나눠서 구분하면, 답변할 내용이 명확해지고 빠트릴 가능성도 확실히 줄어들 것이다.

무엇보다 처음부터 글을 새로 쓰지 않아도 되니, 상대의 심리적 부담이 한결 낮아진다. 이 역시 '상대 마음속의 벽'을 존중하는 좋은 방법이다.

여기에 괄호 안에 예시까지 적어두면, 상대가 그대로 따라 적을 수 있어 더욱 완벽하다.

바람직한 메일 예시

번거로우시겠지만, 아래 세 가지 항목에 답변을 부탁드립니다.

1. 예약 일자: 월   일 (요일)
2. 인원: 어른   명

   (미취학 아동은 따로 어린이 ○명과 같이 적어주세요.)
3. 방문 목적: (예: 생일 파티 등)

   ※ 3월 15일(화) 18시까지 보내주시면 감사하겠습니다.

다만 강조하고 싶다고 해서 빨간 글씨를 사용하는 것은 피하자. 마감일이나 주의 사항을 강조하려고 빨간 글씨로 쓰는 사람이 많은데, 그러면 지나치게 딱딱하고 사무적으로 보일 수 있다. 안내 메일도 결국 '내가 겪었을 때 좋을지'를 기준으로, 서로 '눈치라는 벽'을 넘어갈 수 있도록 노력하자.

1부에서는 '자신의 벽을 넘는 법'과 '상대의 벽을 존중하는 법'을 이야기했다. 혹시 '뭐야, 겨우 이것뿐이야?'라고 생각할 수도 있다. 하지만 동시에 '지금까지 이렇게 간단한 것도 그동안 나는 실천하지 못했구나.'라는 생각에 뜨끔했을지도 모른다. 반대로 말하면, 이것만으로도 충분하다는 뜻이다.

이제 2부에서는 일상에서 바로 실천할 수 있는 다섯 가지 배려의 방법을 소개한다.

자기 행동을 돌아보며 하나하나 바꿔 나가 보자.

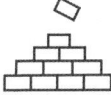

제2부

배려를 습관으로 만드는 다섯 가지 방법

01

결정 스트레스를 줄여주는 '한정'의 기술

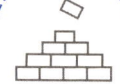

결정을 앞두고 느끼는 스트레스로부터 상대를 자유롭게 하는 배려의 원칙이 '**한정**'이다. 인생은 일어난 순간부터 잠들 때까지 끊임없는 선택의 연속이다. 오죽하면 '**결정 장애**'라는 말이 있을까?

백 가지가 넘는 메뉴 중에서 고르기보다는, 매일 바뀌는 오늘의 정식 세 가지 중 하나를 선택하는 편이 훨씬 마음이 편하다. 약속 시간을 정할 때도 선택지를 두세 개로 좁혀주면 고민하는 시간은 크게 줄어든다.

후배나 팀원에게 일을 지시할 때도 마찬가지다. 범

위를 한정해 주면 결정 과정에서 오는 스트레스를 줄일 수 있다. 답이 보이지 않아 상사에게 상담을 요청했는데, "그것도 괜찮겠네요."라고 말하면, 어딘가에 더 나은 선택지가 있을지도 모른다는 생각이 든다.

지금 필요한 것은, "이렇게 하세요."라는 **확답**이다.

요즘 젊은 세대 사이에서는 승진을 원하지 않는 사람이 늘고 있다고 한다.

'책임져야 하는 일이 많아진다.', '갑질하는 사람처럼 보이기 싫다.' 같은 이유 때문이다. 확답을 피하거나 말꼬리를 흐리고, 두루뭉술하게 지시하는 사람이 많아진 것도 이런 분위기와 무관하지 않을 것이다.

그러나 **상대를 위해 선택지를 '한정'해 주는 사람은, 어디서나 신뢰를 얻기 마련이다.**

이제 구체적인 행동으로 '한정'의 방법을 몸에 익혀 보자.

> 한정 1

'질문의 부담'을 덜어주는 한마디

당신의 용기로 어색한 침묵을 깨보자

일하다 보면 스트레스를 느끼는 순간 중 하나가 '질의응답 시간'이다.

경력이 쌓일수록 회의나 사내 모임을 맡아 진행하는 일이 늘고, 모임이 끝나면 어김없이 질의응답 시간이 이어진다.

나 역시 강연 중간중간에 "질문이 있으신가요?" 하고 물어본다. 이때 돌아오는 반응은 회사의 분위기, 직종, 연령층에 따라 다양하다.

일본 사람들은 다른 사람들 앞에서 질문하는 것을 어려

위한다고 한다.

대학에서도 적극적으로 질문하는 사람은 주로 유학생들이다. 나도 미국 유학 초기에 수업마다 학생들이 경쟁하듯 손을 드는 모습에 깜짝 놀랐다.

하지만 강연을 다니면서 알게 된 것이 있다. 질의응답 시간에는 손을 들지 않으면서도, 강연이 끝난 뒤에 따로 질문하러 오는 사람들이 의외로 많다는 사실이다. 왜 질의응답 시간에 질문하지 않았냐고 물어보면, "수준 낮은 질문이라고 생각할 것 같아서요.", "튀려는 사람처럼 보일까 봐 부끄러워서요."라는 등의 대답이 돌아왔다.

이처럼 심리적인 장벽에 가로막혀 선뜻 손을 들지 못한 경험은 누구에게나 있을 것이다. 그런데도 막상 자신이 진행자가 되면 "뭐든 좋으니 질문해 주세요."라고 말한다. 그리고 아무도 손을 들지 않으면, 어떻게든 분위기를 수습해야 한다는 생각에 "그럼 질문이 있으신 분은 나중에 메일로 보내주세요."라며 어색한 분위기를 마무리 짓게 된다.

범위를 좁혀 질문하기 쉽게 만들기

이럴 때 발휘할 수 있는 배려가 바로 질문을 '한정'하는 것이다.

"그럼 '지금 와서 물어보기는 좀 그렇지만…' 싶은 건 없나요?"

"수업 끝나고 '인터넷에 검색해 봐야지' 하고 생각했던 건 없나요?"

이런 식으로 범위를 좁혀 주면 물어보기 훨씬 쉬워진다. 그리고 한 사람이 용기 내어 질문하면, 다른 사람들도 손을 들기 시작한다.

'어떤 질문이든 괜찮습니다.', '주저하지 말고, 질문해 주세요.'라며 질문을 계속 권유하는 사람도 있다. 그런데도 아무도 질문하지 않으면, 결국 "그럼 ○○ 씨, 혹시 궁금한 점이 있나요?" 하고 대뜸 한 사람을 지목해서 '상대 마음속의 벽'을 넘으려 든다.

'내가 겪었을 때 불편했던 일'이라면 남에게도 하지 않는 것이 좋다.

참가자들의 심리적인 허들을 낮출 수 있도록 질문의 범위를 좁히는 표현을 덧붙여 보자. 그러면 아무도 손을 들지 않아 당황하는 일은 피할 수 있을 것이다.

회의나 소규모 미팅 등에서 한번 시도해 보길 권한다.

형식적인 '괜찮아?'라는 말은 이제 그만!

'괜찮지 않다'라고 말하려면 용기가 필요하다

일하다가도 틈틈이 회사 생활은 어떤지, 업무에 어려움은 없는지 서로 점검하는 것이 중요하다고 한다. 나는 직업 특성상, 이직률이 높아서 고민하는 기업으로부터 상담 요청을 받을 때가 종종 있다.

기업들은 신입 사원을 위한 연수 과정을 준비하고, 연수가 끝나면 한 사람씩 선배를 붙여주었다. 힘든 점은 없는지 자주 물어보며 꼼꼼히 챙겨줬는데도, 막상 한 사람 몫을 하게 될 때면 퇴사한다는 것이다. 이런 걸 보면 말을 걸 때도, 배려가 필요하다는 것을 알 수 있다.

신입 시절을 떠올려 보자. 그때 주변 사람들이 어떤 말을 걸어줄 때 기분이 좋았는가? 아마 몇 가지 말이 떠오를 것이다.

"괜찮아?"

"그 일, 잘 되고 있어?"

단순히 업무 진행 상황만 확인하고 싶다면, 이런 질문은 큰 의미가 없다. 왜냐하면 사람들은 대개 '괜찮은 상태'를 연기하기 때문이다.

사실, '괜찮지 않다'라고 말하려면 용기가 필요하다. 그 이유는, 괜히 무능력해 보일까 두렵기도 하고, 일을 가르쳐준 선배에 대한 미안한 마음도 있기 때문이다. 결국 '괜찮아?'라는 질문에는 '당연히 괜찮지?'라는 보이지 않는 압박이 포함된 셈이다.

'딱 한 발짝'만 다가가기

안부를 물을 때는 '괜찮아?' 말고도 다양한 질문을 하는 것이 좋다. '네' 또는 '아니오'로만 답할 수 있는 폐쇄

형 질문 대신, 상대가 자신의 의견을 편하고 자유롭게 말할 수 있는 개방형 질문으로 말을 걸어 보자.

예를 들어, "그 일은 어디까지 진행됐어?" 또는 "지금은 무슨 작업을 하고 있어?"라는 질문으로 딱 한 발짝만 다가가도, "그게, 사실은 해결되지 않는 부분이 있어서요……"라며 고민을 말할 수도 있다. 그럴 때 비로소 상대는 '말을 걸어줘서 고마웠다.'라는 기억이 남는다. 억지로 깊이 파고들거나 부담스럽게 캐묻는 것이 아니라, '딱 한 발짝'만 다가가는 것이다. 그것이 바로, 상대도 '배려'라고 느끼는 거리다.

회사에 다니던 시절, 동료 직원 중에 안부나 업무 진행 상황을 자연스럽게 묻는 사람이 있었다. 그녀는 후배들에게 이렇게 말하곤 했다.

"오늘 퇴근 전까지 뭐든 좋으니, 질문을 세 개만 준비해 두세요."

이렇게 말하면, 특히 신입 사원들은 무엇을 물어볼지 생각하며 일할 수 있었다. '괜찮아?' 같은 막연한 점검보다는 질문의 범위를 구체적으로 한정해 보는 것이 좋다.

확실한 메시지에는 '단언'에 '작은 친절' 더하기

고압적인 지시는 누구나 피하고 싶어 한다

'애매하더라도 부드럽게 전하는 것이 배려'라고 오해하는 사람이 많다. 물론 일상 대화에서는 생각한 대로 말하면 미움을 살 때도 있다.

하지만 업무에서는 중요한 내용을 애매하게 전달하면, 갈등을 일으킬 수도 있다.

나는 분명히 일을 '지시'했다고 생각했는데, 상대는 '해도 그만, 안 해도 그만인 일'로 받아들이면 일은 진행되지 않는다.

이럴 때는 분명하게 말하는 것이, 진정한 배려다.

언제부터인가 분명하게 말하기를 피하는 사람들이 늘고 있다.

대표적으로 '○○이긴 한데', '○○이지만', '○○이기도 하고'처럼 말끝을 흐리는 말투다. 일상적인 대화라면 큰 문제가 없겠지만, 업무 지시를 할 때는 피해야 할 표현이다.

"이거 내일까지 필요한데요."라고 말하면, 눈치가 빠른 사람은 '오늘 중으로 끝내야겠다.'라며 서두르지만, 눈치가 부족한 사람은 '내일 슬슬 시작해도 되겠네.'라고 받아들일 수 있다.

그리고 "비용 정산은 관리팀에 물어보세요."와 같이 다른 선택지가 없는 상황에서도, "관리팀에 물어보는 게 좋을지도 모르겠네요."처럼 애매하게 말하는 사람이 있다. 이렇게 돌려 말하는 화법은 "말했네, 안 했네." 하는 말다툼으로 이어지기 쉽고, 서로에게 스트레스를 줄 수도 있다.

'단언' 뒤에 이어지는 한마디가 인상을 바꾼다

정해진 일을 전달해야 할 때는 '분명하게' 말하는

것이 중요하다.

'한정'을 넘어 '단정'해 주면, 상대는 헤매지 않고 곧바로 행동에 나설 수 있다.

"이거 내일까지 필요한데 시간 있어요?"
"관리팀에 가서 물어보세요."

이처럼 업무에서 가장 중요한 것은 바로, '확실함'을 전달하는 것이다. 물론 내향적인 사람은 단호하게 말하는 것이 힘들지도 모른다. 그럴 때는 말끝에 '작은 친절'을 더하면 된다.

앞의 예시처럼 말한 뒤에, "잘 모르겠으면 언제든 저한테 물어보세요."라고 덧붙이면, 단호함에서 오는 신뢰감에 안도감까지 더해진다. 명령하는 듯한 말투에서 오는 딱딱함은 사라지고, 나쁜 인상도 줄어든다.

한정 4

'네' 같은 단답 대신 '문장으로 대답'하기

구체적으로 답해야 의도가 제대로 전달된다

 사람들과 소통하다 보면 예상치 못한 곳에서 골치 아픈 일이 벌어지기도 한다. 별것 아닌 것 같은 답변에서도 배려의 차이가 드러난다.

 예를 들어, 일하다가 궁금한 점이 생겨 이렇게 물었다고 해보자.

 "변경 사항이 생기면 하루 전까지 연락드리면 되죠?"

 "네."

 어떤가? 이 대화만으로는 정말 전날까지 연락하면 되는지, 상대가 구체적으로 어떤 부분에 대해 '네'라고 한 것인지 알 수 없어 괜히 불안해진다.

결국 "전날까지 맞죠?" 하고 다시 확인하고 싶어진다.

반대로 나는 분명히 대답했는데도, 상대가 되물었던 적은 없었는가? 아마 그때도 나의 대답 방식에 문제가 있었을 가능성이 크다.

'네'라는 대답에는 호응하는 '네'와 긍정하는 '네'가 있다. 우리는 다른 사람의 이야기를 잘 듣고 있다는 표시로 맞장구를 치곤 한다. 그런데 이때 사용하는 '네'를, 긍정하는 '네'로 받아들이거나, 반대로 긍정하는 '네'를 호응하는 '네'로 받아들이면 서로 오해가 생기기 쉽다.

그래서 대답에도 신경을 써야 한다는 것이다.

문장으로 대답하면 의미가 분명해진다

상대의 말을 긍정하려면 문장 형태로 답하는 것이 좋다.

예를 들어, '네, 그렇습니다.', '네, 전날까지 연락해 주세요.'처럼 풀어서 대답하면, 상대가 다시 묻지 않아도 될 것이다.

반대로 '아니오'라고 대답해야 할 때도, 무엇을 부정하는지 구체적으로 말하는 것이 좋다. 상대 질문에 단답으로 부정하기보다는, '긍정형 문장'으로 대답하면 이해가 쉽고 대화도 자연스럽게 이어진다.

다만, 지나치게 미안해하는 태도는 피하는 것이 좋다. 장황한 설명은 오히려 변명처럼 들릴 수 있다. 먼저 긍정적인 내용을 분명히 전한 뒤, 필요한 내용을 덧붙여서 문장으로 대답하도록 하자.

메신저에서는
'빠르고 간결하게 답장'하기

메일과 다르게
인사말이나 쿠션어는 굳이 필요 없다

최근 몇 년 사이, 의사소통 수단에 메신저가 더해졌다. 대화 수단이 다양해지면서, 어떤 상황에서 어떤 목적으로 어떻게 사용해야 할지 헷갈리는 사람이 늘고 있는 것 같다.

메일은 어느 정도 정형화된 문구와 인사말, 본문, 맺음말의 형식이 자리 잡고 있다. 반면, 메신저는 사용하는 회사마다 방식과 규칙이 제각각이다.

메신저로 자료를 보냈는데, 상대가 답장 없이 '좋아요' 버튼만 눌러서 불쾌했다는 사람도 있고, 메신저인데도 '궁금하신 점이 있으면 언제든 사양하지 마시고……' 하는 식으로 장황한 문구를 쓰는 것을 이해할 수 없다는 사람도 있다. 사람마다 기준이 다르다 보니, 혼란스러워하는 것도 당연하다.

상대의 노력을 존중하는 마음을 담아 답장하자

메신저로 대화할 때는 속도감을 중시하며 '짧게' 쓰는 것이 좋다. 빠른 의사소통에 특화된 수단이기 때문에, 메일과 다르게 인사말이나 쿠션어는 굳이 필요가 없다.

그룹 채팅에서 단순히 메시지를 읽었다는 사실만 전하고 싶다면, '좋아요' 버튼을 누르는 것이 더 효율적이다. 모든 사람이 '감사합니다.', '알겠습니다.'라고 답을 남기면 원래 메시지가 금방 밀려나서 확인하기 어렵기 때문이다. 메일보다는 한층 허물없는 문장으로 쓰되, 예의는 잃지 않는 것이 적당하다.

물론 상대의 나이나 상황에 따라서는 인사말이 필요할 때도 있다.

예를 들어, 후배가 당신에게 어떤 자료를 부탁했다고

하자.

당신이 고생해서 만든 자료를 메신저로 보냈는데, 달랑 이모티콘 하나만 보내온다면 섭섭하지 않을까? 언제 '좋아요'만 눌러도 괜찮고, 언제 인사말이나 답변을 남겨야 할지 헷갈린다면, '상대의 노력 여부'를 기준으로 삼으면 된다.

상대가 시간과 정성을 들여 생각하거나 직접 만든 것을 보냈다면, 정중히 답장하는 것이 좋다. 또, 답장이 길어질 것 같으면 '내용이 길어질 것 같으니, 여기서부터는 메일로 말씀드리겠습니다.'라고 메시지를 보내고 대화 수단을 바꾸면 된다.

말은 이렇게 했지만, 사람들의 인식과 사용하는 도구도 끊임없이 변하기 때문에 몇 년 뒤에는 나도 다른 이야기를 하고 있을지 모른다.

다만 한 가지 분명한 것은, 헷갈릴 때 가장 강력한 기준은 '내가 겪었을 때 좋았던 기억이 있는가?'라는 것이다. 이 사실만큼은 시간이 아무리 흘러도 변하지 않을 것이다.

'상대의 시간'을 아껴주는 메일 작성법

자료만 통째로 받으면 누구라도 당황한다

평소 메일을 쓸 때 사용하는 말머리 기호와 줄 바꿈에도 '한정'의 효과가 있다. 87쪽에서 소개한 '항목별 쓰기'에 약간의 배려를 더해 활용해 보자.

예를 들어, 거래처로부터 '오늘 회의에서 소개해 주셨던 제품 관련 자료가 있으면 PDF 파일로 보내 주세요.'라는 메일을 받았다고 하자. 대부분은 다음과 같이 파일이나 관련 사이트 주소만 첨부해서 보낼 것이다.

'오늘 보신 자료를 보내드리겠습니다. 궁금하신 점이 있으면 언제든 부담 없이 연락해 주세요.'

하지만 자료의 양이 많으면, 상대는 필요한 정보를 일일이 찾아야 해서 번거로울 수 있다. 이는 상대에게 귀찮은 작업이 될 수 있다. 이럴 때는 상대의 시간을 조금이라도 아낄 수 있도록, 중요한 페이지나 항목을 말머리 기호로 구분해 주면 좋다.

아래 메일 내용을 참고해 보자. 이렇게 보내면 메일을 받은 사람이 시간을 아낄 수 있다.

> **바람직한 메일 예시**
>
> 오늘 보신 자료를 보내드립니다.
> 회의 중 소개한 제품은 아래 페이지를 참고해 주세요.
>
> - 제품 A: 2~3 페이지
> - 제품 F: 5 페이지
>
> 궁금하신 점이 있으면 언제든 부담 없이 연락해 주세요.

별것 아닌 수고처럼 보일 수 있지만, 받는 사람은 스트레스가 줄고, 당신을 '일 잘하는 사람'으로 생각할 것이다.

메일은 긴 줄글보다 항목별로 깔끔하게 작성하자

참고로 위의 내용을 기호로 구분하지 않고, 줄글로 쓰면 이렇게 된다.

'조금 전에 요청하신 자료를 보내드립니다. 궁금해하시던 제품 A는 첨부 자료 2~3쪽을 보시면 됩니다. 제품 F 관련 정보는 5쪽에 있으니 참고해 주세요. 궁금하신 점이 있으면 언제든 부담 없이 연락해 주세요.'

어떤가? 중요한 내용이 긴 문장 사이에 묻혀 있어 바로 찾기가 쉽지 않다. 아무리 친절하게 써도 상대에게 제대로 전해지지 않으면 없는 것이나 마찬가지다.

항목별로 작성하면 전체 내용을 한눈에 파악할 수 있다는 장점이 있다. 일할 때는 상대가 읽거나 확인하는 데 불필요한 시간과 수고를 들이지 않도록 배려하는 것이 무엇보다 중요하다.

메일로 사과할 때는 '처음과 끝에만 언급'하기

지나친 사과는
오히려 상대를 피곤하게 만든다

 메일을 쓸 때 가장 신경 쓰이는 순간은, 아마도 사과해야 할 때일 것이다. 평소에는 빠르고 간결하게 답장하는 사람도, 사과해야 하는 상황에서는 몇 번이고 글을 다시 읽어보며 고칠 것이다. 일하다 보면 다음과 같은 사과 메일을 자주 볼 수 있다.

 '배송 누락 건으로 폐를 끼쳐서 대단히 죄송합니다.
 주말이 끼어 있어서 답장이 늦어진 것에 대해서도 사과드립니다.

저희가 확인한 결과, 수요일 주문이 빠져 있었습니다.

배송을 기다리셨을 텐데 실망만 드려 정말 **죄송**합니다.

이번 일은 환불 처리를 해드리겠습니다. 다시 한번 죄송합니다.'

얼마나 미안했으면 짧은 글에 사과가 네 번이나 들어갔다. 그런데 정작 상대가 '정말 알고 싶은 정보'는 반복되는 사과에 묻혀 눈에 잘 들어오지 않는다.

이런 메일은 읽는 사람에게 부담만 줄 뿐이다. 미안한 마음을 전하는 것은 중요하지만, 무작정 사과를 반복하는 것은 바람직하지 않다.

불필요한 사과는 과감히 줄이자.

정확한 정보 전달은 사과만큼이나 중요하다

메일은 전화와 달리, 상대의 말을 시각적으로 확인할 수 있는 수단이다. 인사말, 본문, 맺음말로 구성되는 메일에서는, 사과를 처음과 끝에만 담아야 균형이 맞는다.

다음 메일 예시처럼 인사말과 맺음말에서만 미안한 마음을 표현하는 것이 좋다.

> **바람직한 메일 예시**
>
> (인사말) 배송 누락 건으로 폐를 끼쳐서 대단히 죄송합니다.
> (본문) 다음과 같은 사정으로 인해 제품을 제때 보내드리지 못했습니다. (본문에 원인, 대응책, 재발방지책 등을 구체적으로 기재)
> (맺음말) 이상으로 보고를 마칩니다. 기대에 부응하지 못한 점 진심으로 사과드립니다.

사과가 두 번만으로는 부족해 보일 수도 있다. 하지만 상대가 정말 알고 싶어하는 것은 '사실 관계 확인'이다. 따라서 문제 해결을 위한 정보 전달 역시, 사과만큼 중요하다. 상대가 궁금해하는 정보 앞뒤에 사과의 말을 덧붙이면, 진지한 태도는 충분히 전달된다.

과도한 사과 메일은 상대를 위로하기보다는, 오히려 자

신의 기분이 풀리기를 바라는 듯한 인상을 줄 수 있다. 미안한 마음을 상대가 받아줄 때까지 반복적으로 사과하면, 이번에는 상대가 당신의 감정을 신경 쓰게 된다. 그 순간 두 사람 사이에 보이지 않는 벽이 생기는 것이다. 미안한 마음이 클수록, 사과는 처음과 끝에만 담는 것이 좋다.

02

상대의 불안을 덜어주는 '예고'의 힘

    사람은 어떤 일이든 갑자기 맡게 되면 스트레스를 받는다. 상대가 이런 스트레스를 느끼지 않도록 배려하는 원칙이 바로 '예고'다.

    갑자기 쪽지 시험을 치거나, 모르는 척하며 속마음을 떠보는 등 다른 사람을 시험하는 행동은 미움을 받기 마련이다.

    나쁜 의도가 아니더라도, 한밤중에 상사가 갑자기 연락해서 "내일 출근하자마자 회의실로 오세요."라고 한다면, 무슨 일인지 신경이 쓰여 심장이 쿵쾅쿵쾅 뛰지 않을까?

'급한 일이라도 생겼나?'

'내가 무슨 잘못이라도 했나?'

이런 걱정 때문에 좀처럼 잠들기 어려울 것이다.

그렇게 전하기보다는 "○○ 건으로 궁금한 게 있는데 내일 출근하자마자 보고해 줄 수 있어요?"라고 예고해 주면, 내일 뭐라고 이야기할지 머릿속에서 정리할 수 있다.

매일 하는 업무는 시험이 아니다. **마음의 준비가 되어 있지 않으면, 누구도 실력을 발휘할 수 없다.**

자신도 모르게 상대를 곤란하게 만들지 않도록, '예고'라는 원칙을 꼭 기억하자.

전화 걸기 전 '메시지'로 먼저 물어보기

누군지 모르는 부재중 전화는
괜히 신경 쓰인다

'전화는 시간 낭비'라는 인식이 점점 자리를 잡고 있다. 전화는 마치 불필요한 소통 수단처럼 여겨지며, 새롭게 등장하는 여러 의사소통 수단에 치여 뒤로 밀려나고 있다. 나도 사생활에서는 SNS로 소통하느라 전화를 거의 쓰지 않는다.

하지만 오히려 전화 사용이 줄어들수록, 전화로만 해결할 수 있는 상황도 있다는 것을 실감하고 있다.

예를 들어, 재택근무 중인 직원이 평소와 다르게 느껴지면 무슨 일이 있는 건 아닌지 궁금할 때가 있다. 그럴 때는,

보통 메신저나 메일을 쓴다.

하지만 평소처럼 업무 메일은 기계처럼 잘 쓰다가도, 사소한 안부를 묻는 메일은 어떤 표현으로 써야 할지 고민돼서 막상 쓰려면 어렵게 느껴진다. 게다가 상대의 답장도 글자로만 이루어져 있으니, 그 안에 담긴 미묘한 감정적 변화까지 읽어내기는 어렵다.

정기적인 1:1 미팅 시간이 있는데 별도로 면담을 제안하면, 괜히 무슨 문제라도 생긴 줄 알고, 상대가 위축될 수도 있다. 그야말로 '자신 마음속의 벽'을 넘어야 하는 순간이다.

전화는 '얼굴이 보이지 않는' 온라인 회의

이럴 때는 목소리로 소통할 수 있는 전화가 도움이 된다. 다만, 전화를 걸기 전에는 상대에게 '예고'하는 것이 좋다. 메시지로 "잠깐 전화로 하고 싶은 말이 있는데 오후 3시쯤 시간 괜찮나요?" 하고 짧게 전해두면 좋다.

상대가 마음의 준비를 할 수 있도록 도와준다는 점에서 매우 중요한 배려다.

그래도 여전히 젊은 사람들은 전화가 부담스러울지도 모른다. 그럴 때는 관점을 바꿔 보면 어떨까?

요즘 온라인 회의를 어색해하는 사람은 드물다. 그래서 전화를 '카메라를 끄고, 얼굴이 보이지 않는 온라인 회의'라고 생각하면, 전화에 대한 부담이 훨씬 줄어들 것이다.

특히 후배나 동료가 혼자 살고 있다면, 하루 중 다른 사람과 대화를 나누는 시간이 '편의점에서 계산할 때'뿐일지도 모른다고 생각해 보자.

그러면 전화를 걸기 전에 미리 알려주는 배려가 왜 필요한지 이해할 수 있을 것이다.

예고 2

'회의 중에 말을 시킬 것'이라고 미리 알려주기

회의의 성패는 준비에 달려 있다

회의할 때도 '예고'가 회의 진행자와 참가자 모두의 스트레스를 줄여줄 수 있다. 나는 회의 진행 능력이 뛰어난 상사에게서 '회의는 준비가 90%'라는 중요한 점을 배웠다.

그분은 회의 중 나온 의견을 화이트보드에 정리하면서 과제를 다듬고, 참가자들의 동의를 얻은 후에 결론을 내렸다. 회의가 끝날 즈음에는 다음 회의 때 논의할 주제까지 미리 정해져 있었다. 그런 모습을 보며 나도 능숙하게 회의를 진행하고 싶다고 생각했다.

'회의 주제와 목적을 미리 파악한다.'

'참가자들에게 안건이 무엇인지 미리 알려준다.'

'각자 의견을 준비해서 참가하도록 일러둔다.'

회의를 잘 준비하는 방법은 여러 가지가 있다. 그중에서도 간단하면서 의외로 효과적인 방법이 바로, 회의 참가자를 확인하고, 발언자를 미리 정해 두는 것이다.

회의에서 처음에 발언하는 사람이 어떻게 말하느냐에 따라 그날 회의의 방향이 정해지기도 한다. 만약 부정적인 의견으로 회의가 시작되면, 뒤를 이어 말하는 사람들도 부정적인 분위기로 흘러가기 쉽다.

물론 회의에 긍정적인 의견만 필요한 것은 아니다. 모든 참가자가 자유롭게 의견을 내길 바란다면, 회의 분위기에 영향을 줄 수 있는 강한 어조의 사람을 첫 발언자로 세우는 것은 피하는 게 좋다. 이 또한 배려라고 할 수 있다.

아이디어는 갑자기 나오지 않는다

'자신 마음속의 벽'을 넘으려면, 참가자 명단을 살펴보며 회의 초반에 무난한 발언으로 어색한 분위기를 풀어줄 사람을 미리 첫 번째 발언자로 정해 두는 것이 좋다. 그리고 참가자들에게 당신이 회의 진행자라는 사실을 알리면서 "회의 중에 말을 시킬 수도 있어요."라고 가볍게 전해 주면 된다. 이 한마디로 참가자들은 각자 의견을 준비해 올 것이다.

물론 회의의 종류에 따라 다르겠지만, 아무런 준비 없이 진행하는 회의에서 좋은 아이디어가 나오기를 기대하는 것은 어렵다. 미리 정리해 온 각자의 생각을 바탕으로 회의에 임해야 수준 높고 생산적인 결과를 얻을 수 있다. 그런 의미에서 사전 준비는 매우 중요하다.

그런데 회의 중에 부정적인 의견이 나오면 서둘러 긍정적인 의견을 내놓거나, 자신이 동의하는 의견만 적극적으로 받아들이는 진행자도 있다. 이것은 참가자들 사이에 보이지 않는 벽을 만드는 것이나 다름없다. 진행자의 역할은, 모든 참가자가 자유롭게 의견을 낼 수 있는 분위기를 만드는 것이며, 각자의 의견을 잘 정리해 주는 일이다.

많은 사람 사이에서도 소소한 배려심을 발휘해 보자.

회의 분위기를 결정하는 '회의 시나리오'

회의실에서 흔히 볼 수 있는 상황에 대비하자

 회사 생활을 하다 보면 민감한 사안을 다루는 회의를 맡아서 진행해야 할 때가 있다. 매출 부진을 타개하기 위한 전략 회의나 비상 상황 점검 회의가 대표적이라 할 수 있다.

 대책을 내놓으라며 몰아붙이는 상사와 주눅이 들어 제대로 답하지 못하는 직원들, 그리고 한동안 이어지는 침묵, 다시 몰아붙이는 상사…….

 이런 악순환 속에서 언제, 무슨 말을 하며 끼어들어야 할지 몰라서 그저 상사의 추궁이 끝나기만을 하염없이 기다리게 된다.

회의 진행을 맡을 정도로 경력이 쌓였다면, 회의 주제만 봐도 누가 무슨 일로 지적받을지 짐작할 수 있을 것이다. 이때 필요한 것이 '회의 시나리오'다.

내가 아는 젊은 영업부장은 아무리 무거운 회의라도 매끄럽게 이끌어간다. 그 역시 앞서 말한 상사처럼 '회의는 준비하기 나름'이라고 말했다.

고민은 같이하지만 해결책은 스스로 찾아야 한다

그에게서 어떤 회의든 원하는 방향으로 이끌어가는 방법을 배워 보자.

예를 들어, 영업 실적 보고 회의가 진행 중이라고 해보자. A가 이끄는 팀이 최근 실적이 저조한데, 정작 A는 별다른 대책을 준비하지 못한 상황이었다. A가 상사에게서 따끔한 질책을 받을 것이라는 사실은 불을 보듯 뻔했다. 젊은 영업부장은 A와 사전 논의를 거쳐, 실적 보고 회의를 이렇게 시작하기로 했다.

"이어서 A의 보고입니다. 오늘 회의에서는 A의 요청에 따라 실적과 관련하여 다른 분들의 의견을 듣고자 합니다."

덕분에 단순한 실적 보고로 끝날 뻔했던 회의가, 실적 부진을 만회할 대책을 찾는 회의로 바뀌었다. 그 결과 A는 상사의 질책을 피할 수 있었고, 실적 부진과 관련해 다른 부서장들로부터 조언도 얻을 수 있었다. 회의 분위기가 훨씬 더 건설적으로 바뀐 것이다.

이처럼 그는 분위기가 무거워질 것 같으면 미리 시나리오를 준비해서 회의에 임했다. 말하자면, A가 큰 스트레스를 받지 않도록 '예고'해 주는 것이었다.

이때 오지랖이 넓은 사람이라면, A처럼 곤경에 처한 동료를 보고 함께 머리를 맞대고 실적 부진에 대한 해결책까지 찾으려고 할 것이다. 물론 시간이 넉넉하다면 괜찮겠지만, 애초에 그 문제는 A가 책임지고 해결해야 할 몫이다.

예고 4

'회의 종료 시각'을 미리 정해두기

시간 안내로 불필요한 스트레스를 줄이자

이야기에 집중하다 보면 '이제 슬슬 끝내야 하는데……' 하는 불안감이 들 때가 있다. 친구와 수다를 떠는 자리라면 괜찮지만, 비즈니스 미팅 중에는 '다음 일정이 있어서요……'라며 대화를 끊는 데에도 용기가 필요하다.

이럴 때 느끼는 스트레스를 없애기 위해 미팅이나 회의를 시작하기 전에, "오늘은 오후 3시까지만 하죠."처럼 회의 종료 시각을 예고하는 것도 하나의 배려.

특히 사내에서 회의하다 보면, 예약해 둔 회의실을 앞 팀이 아직 사용 중이어서 발길을 돌리는 일이 적지 않다.

회의실 안에 같은 회사 사람들만 있다면 그나마 낫지만, 외부 손님과 회의 중일 때는 회의실 사용 시간이 다 되었다고 문을 함부로 두드릴 수도 없는 노릇이다.

이런 상황을 방지하려면, 다음 사용자를 미리 확인하는 준비가 필요하다. 눈치가 빠른 사람들은 한발 더 나아가, 임원이나 외부 손님이 참석하는 회의가 앞뒤로 잡혀 있는 회의실은 애초에 후보에서 제외한다. 그리고 참석 인원이 많은 회의 직후 시간대도 피하는 편이다. 회의가 끝난 뒤에도 자리를 쉽게 뜨지 않는 사람이 꼭 한두 명은 있고, 환기에도 시간이 걸리기 때문이다.

회의실을 이용할 때는 앞뒤 예약 상황을 반드시 확인하자.

회의는 다음 사람이 들어오기 5분 전에 마무리하자

중요한 고객을 맞이해야 한다면, 적어도 약속 시간 15분 전에는 회의실을 이용할 수 있도록 준비하는 것이 좋다. 당신이 회의실을 이용할 때도, 다음 사람이 들어오기 5분 전부터 뒷정리를 시작하는 습관이 필요하다.

회의를 시작하기 전, "오늘 회의는 오후 2시 55분에 마칩니다."라는 예고를 통해 참가자들의 협조를 구하면 좋다.

여담이지만, 회의실을 이용할 때마다 탈취 스프레이를 챙기는 사람을 본 적이 있다. '그런 방법도 있구나!' 하고 참고해 보려다가도, 내가 회의실을 나오는 순간에 그런 사람과 마주친다면 왠지 마음이 상할 것 같아 시도하지 않았다. 이런 불필요한 오해나 걱정을 줄이기 위해서라도, '5분 전 마무리'가 자연스러운 문화로 자리 잡아야 할 것이다.

오해를 없애는
'리마인드 메일' 활용법

단언컨대, 리마인드 메일을 보내고
후회하는 일은 없다

회사 외부 사람과 소통할 때는, 사전에 '예고'하는 일에 더욱 신경 써야 한다. 혹시 메일을 주고받다가 다음과 같이 실수한 적은 없는지 돌아보자.

한 직원이 고객의 문의에 '확인하자마자 곧바로 연락드리겠습니다.'라고 답장을 보낸 일이 있었다. 그런데 다음 날 아침, 연락을 받지 못한 고객으로부터 불만이 담긴 메일이 오면서 회사가 소란스러워졌다. 문제는 '곧바로'라는 표현에 대한 기준이 서로 달랐기 때문이었다. 고객이 다니는 회사에서 '곧바로'의 기준은 '15분 이내'를 의미했지만, 해당 직원은 평소처럼 하루 정도 여유를 두고 답장할 생각이었다.

이러한 갈등을 피하려면 처음부터 '내일 ○시까지 연락드리겠습니다.'처럼 기한을 명확하게 전달하는 것이 좋다. 서로 '당연'하다고 여기는 기준이 다르면 오해가 생기기 쉽고, 결국에는 불필요한 스트레스로 이어질 수 있다.

특히 메일이나 메신저처럼 문자로만 소통할 때는 표정, 목소리 톤, 몸짓 등을 읽어낼 수 없어서 상대의 의도를 추측하는 일이 많다.

불확실한 추측에 기대지 않으려면, '이런 뜻일까?' 하는 의문이 떠오르는 순간, 바로 확인하는 습관이 중요하다. 사람은 누구나 각자의 '당연함'을 기준으로 살아가기 때문에, 당신이 보낸 메일도 상대가 해석하고 싶은 대로 전해질 수 있다.

회사 외부 사람과 연락할 때는 특히 더 신중하게 확인하자.

중요한 일은 다시 확인하는 습관을 만들자

리마인드를 하는 일은 결코 나쁠 것이 없다. 운전하는 시간이 길거나 매장을 지켜야 하는 등, 메일을 자주 확인하기 어려운 직종도 있기 때문이다.

이럴 때는 대화 초반에 '일의 특성상 메일을 자주 확인하기 어렵습니다. 보내 주신 메일은 그날 밤에는 꼭 답변드리겠습니다.'처럼 미리 알려두면, 상대도 충분히 이해해 준다. 나 역시 아침부터 저녁까지 강의가 꽉 차 있는 날은 밤이 되어서야 답장을 보낼 수 있어, 그 사실을 미리 알리고 있다. 이런 식의 '예고'는 상대의 불안을 줄여주는 효과가 있다.

사람은 누구나 깜빡할 수 있다. 마감이나 약속 전날에 리마인드 메일을 보내는 것만으로도 실수를 예방할 수 있다.

실제로 '화상 회의가 하루 앞으로 다가왔네요. 내일 14시까지 아래 URL로 접속해 주세요.'라는 메일을 보냈더니, '감사합니다, 지금까지 4시(16시)인 줄 알았어요!'라는 답장을 받은 적도 있다.

이처럼 '예고'는 착오를 방지하는 데 효과적이다.

03

답을 주기보다 정보를 나누는 '공유'의 태도

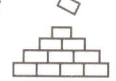

배려의 원칙 중 하나인 '공유'는, 상대가 정답을 강요받으며 느끼는 스트레스를 줄여준다. 상대가 신입 사원이거나 경험이 적다는 이유로 이것저것 간섭하고 지시하는 사람들이 있다. 하지만 당신도 신입이었을 때 그랬던 것처럼, 후배들 역시 매일 성장하고 있다.

스스로 생각하고 행동할 수 있는 사람에게, 나이나 지위를 내세워 명령하듯 말하거나, 자신의 의견을 일방적으로 밀어붙이는 것은 오히려 스트레스를 줄 뿐이다.

노자는 "물고기를 주지 말고, 물고기 잡는 법을 가르

쳐라."라고 했다. 물고기는 '정답'을, 물고기 잡는 법은 '정보 공유'를 뜻한다. 내가 잡은 물고기로 상대의 배를 불리는 것이 아니라, 상대 스스로 물고기를 잡을 수 있도록 도와야 한다.

대단한 정보가 아니더라도, 주변 사람들과 공유하려는 태도를 가지자.

예를 들어, 출장을 다녀온 직원이 간식을 선물했다면 고마움을 전하는 것도 중요하지만, 한 걸음 더 나아가 그 호의를 주변 사람들에게 공유하자.

"○○ 씨가 간식을 사 오셨어요." 하고 사람들을 불러 모으면, 그 따뜻한 마음은 사무실 전체로 퍼져나간다.

이처럼 정보와 감정을 공유하려는 마음가짐을 익혀두자.

공유 1

'조언이 길어질 때' 하면 좋은 말

조언하는 사람도 받는 사람도
상처받지 않는 표현 방식을 기억하자

조언하기를 좋아하는 상사나 선배 때문에 곤란했던 적은 없었는가? 나는 그런 적이 한두 번이 아니다. 물론 적절하면서 간결한 조언은 고마운 법이다.

하지만 "○○해야 한다."라거나 "○○가 무조건 맞다." 같은 말이 계속 이어지면, 고마웠던 마음도 서서히 식게 마련이다. 조언은 어디까지나 듣는 사람이 선택하고 판단할 일이다. 조언을 받아본 사람이라면, 정답을 강요하기보다는 생각의 방향만 공유하는 것이 가장 좋다는 것을 금방 알게 된다. 고마움을 전하면서 서로의 생각을 존중하는 태도가 중요하다.

물론 조언하는 것을 좋아한다고 해서 나쁜 사람은 아니다. 그저 남들보다 오지랖이 조금 넓을 뿐이다. 다만, 조언이 지나치면 '상대 마음속의 벽'을 넘을 수 있어서, 물러날 때를 아는 것도 중요하다.

조언 그 자체에 감사를 전한다

오지랖 넓은 선배에게는 조언에 대한 고마움을 먼저 전한 뒤 이렇게 마무리해 보자.

"감사합니다. 저 혼자서는 알기 어려운 사실을 배웠습니다. 이제부터는 제 성장을 위해서 스스로 생각해 보고 싶습니다."

조언을 끝맺기 좋은 타이밍에 이렇게 말하면, 선배도 '이게 다 너를 위한 일'이라는 마음을 유지한 채, 대화를 기분 좋게 마무리할 수 있다.

이런 경험은 나중에 당신이 조언하는 상황이 되었을 때도 도움이 된다. 조언 내용보다 '조언해 준 행동 자체'에 감사하는 것이 배려다.

조언을 메일로 받았을 때는, 내용을 굳이 길게 언급할 필요 없이 그저 조언해 준 사실 자체에 감사를 전하면 충분하다. 내용이 별로 와닿지 않았는데도 과한 반응을 보이면, 앞으로도 장문의 조언이 계속될 수 있다. 적절한 거리를 지키며 예의를 갖춰 메일을 보내는 것이 현명하다.

> **바람직한 메일 예시**
>
> 메일로 조언해 주셔서 감사합니다.
> 여러 번 읽어보니 혼자서는 미처 알지 못했던 점들을 많이 배울 수 있었습니다.
> ○○ 님의 조언을 참고해 제 행동을 돌아보고, 앞으로 성장의 동력으로 삼겠습니다.
> 앞으로도 무슨 일이 있으면 조언 부탁드립니다.
> 감사합니다.

'피드백'은
간결하고 분명하게 하기

좋은 피드백은 상대를 성장시키는 힘이 된다

앞에서는 조언을 받는 상황에서 '공유'라는 배려의 원칙을 살펴봤다. 이번에는 당신이 조언을 해주는 상황을 생각해 보자. 후배들이 늘어날수록 보고는 '하는 것'에서 '받는 것'으로 바뀐다. 일일 보고나 주간 보고처럼 정기적인 보고뿐 아니라, 프로젝트 완료 보고나 경위서 등 확인할 것이 부쩍 많아진다.

보고와 피드백은 항상 한 세트이기 때문에, 보고하는 사람과 보고받는 사람 모두에게 배려가 필요하다.

'피드(feed)'는 영어로 '먹이다'라는 뜻이다. 여기에 '백(back)'이 붙은 피드백은, 상대가 성장할 수 있도록 자양분을 되돌려주는 일이라고 볼 수 있다.

보고받은 업무에 대해 피드백을 주려다 타이밍을 놓쳐서 '뭐, 알아서 잘하겠지.' 하고 넘어간 적은 없는가? 피드백을 주지 않는 것은 '당신에게 관심이 없습니다.'라는 뜻으로 느껴질 수도 있다. '내가 겪었을 때 기분이 좋았는지'를 기준으로 놓고 생각해 보면 금방 알 수 있다.

보고서보다 더 긴 피드백은 부담이다

'보고서 쓰는 법'을 가르치다 보면, 수강생이 실제로 작성한 보고서를 보기도 한다. 그 과정에서 발견한 법칙이 있다.

상사의 피드백이 부실하면 보고서 내용도 부실하다는 것이다. 보고서는 읽는 사람이 있기에 쓸 의욕이 생기고, 반대로 생각해도 마찬가지다.

꼼꼼하게 피드백을 해주는 사람일수록, 잘한 점을 언급해 주고 칭찬도 잊지 않는다. 다만 하고 싶은 말이 너무 많아서 피드백이 길어지는 경우가 있다. 상대가 실패하지 않길 바라는 마음에 길게 설명하는 것은 이해되지만, 실제로 경험해 보지 않으면 마음에 와닿지 않을 수 있다.

피드백은 다른 사람에게 불편을 줄 수 있거나 당장 문제가 될 수 있는 부분까지만 간결하게 지적하고, 조언은 거기서 멈추자. 보고서보다 더 긴 피드백은 읽는 것만으로도 부담이 된다.

만약 당신이 보고서를 제출했다면, 어떤 피드백을 받으면 기분이 좋을까?

다음 예시처럼, 피드백은 '칭찬, 간결함, 정답 대신 방법 제시'라는 세 가지 원칙을 지키면 효과적이다. 정답을 알려주기보다 스스로 답을 찾을 수 있도록 방법을 공유하는 것이 핵심이다. 이렇게 하면 상대의 업무가 건강하게 발전할 수 있다.

바람직한 피드백 예시

○○ 사 방문 건으로 수고 많았습니다.

다음 방문 때는 최신 자료를 챙기겠다고 말했죠.

상품기획부 ○○ 씨가 그 자료를 가지고 있습니다.

한번 만나서 이야기해 보세요.

'한 번 지적한 내용'은
다시 언급하지 않기

질책은 부족한 듯 짧게 끝내자

'갑질'이라는 개념이 널리 퍼지면서, 누군가를 혼내거나 혼나는 상황은 예전보다 줄고 있다. 요즘 젊은 세대가 승진을 꺼리는 가장 큰 이유가 '책임이 커지기 때문'이라고 한다.

여기서 말하는 책임에는 팀원의 실수를 수습하는 것은 물론, 후배들을 지도하고 때로는 혼내는 일까지도 포함된다. 이 말에 눈앞이 막막해지는 사람도 있을 것이다.

물론 불편한 역할일 수 있지만 후배들에게 일을 제대로 가르치려면, 누군가는 꼭 감당해야 하는 몫이다. 핵심을 잘 지키며 '혼내는 일'은, 때로는 괜찮은 지도 방법이 될 수 있다. 그렇게 하기 위해서는 먼저, '자신 마음속의 벽'부터 넘어야 한다.

간혹 같은 잘못을 반복해서 지적하는 상사가 있다. 이런 상사 아래에서는 직원들이 '혼나지 않기 위해' 일하게 된다. 상사의 눈치를 살피고, 실수를 줄이기보다는 자신의 잘못을 감출 생각만 하게 된다.

반대로 상대의 감정을 지나치게 신경을 쓰느라, "나도 뭐라고 말할 처지는 아니지만……."라거나 "누구나 저지를 수 있는 실수이긴 한데……." 같은 쿠션어만 잔뜩 깔고, 정작 중요한 말은 얼버무리는 상사도 있다. 이런 상사와 일하면 혼나도 감흥이 없고, 자신이 중요하지 않은 일을 하고 있다는 잘못된 인식을 하게 된다. 두 가지 모두 혼내는 방법으로는 적절하지 않다.

짧은 질책일수록 마음에 오래 남는다

질책은 단순히 잘못을 지적하기 위한 것이 아니라, 같은 실수를 반복하지 않도록 돕기 위한 것이다. 중요한 것은, 이미 일어난 일에서 교훈을 얻고, 앞으로의 행동을 바꾸는 데 있다. 개선할 점이 분명하다면, 질책은 '짧게' 하자.

'자이가르닉 효과(Zeigarnik effect)'라는 심리학 용어가 있다. 실수나 미완성 상태로 남은 일들이 더 오래 기억에 남는 현상이다. 질책도 마찬가지다. 약간 부족하거나 짧을 때 오히려 더 마음에 남는다.

"미리 확인하지 않았던 것이 원인이네요. 문제가 발생했을 때 바로 얘기했더라면 저라도 도와줄 수 있었을 겁니다. 다음부터는 그렇게 합시다."

같은 실수를 반복하지 않는 방법은, 결국 당사자가 스스로 찾는 것이다. 상사로서 질책은 '약간 부족하다 싶은 정도'가 오히려 적절하다. 그리고 한 번 지적한 내용은 두 번 다시 언급하지 말자.

이미 고친 부분을 "전에도 그랬었지?"라며 들춰내는 것을 좋아할 사람은 없다. '이 직원은 부드럽게 말하면 알아듣지 못하고, 결국 같은 실수를 반복해.'라는 생각이 들었다면, 그 문제는 상대가 아니라 상사의 교육이나 관리 방식에 있을 수도 있다.

'상대 마음속의 벽'을 넘지 않도록, 자신도 받아들일 수 있을 만큼의 방식으로 질책하자.

중요한 일을 앞둔 사람에게 '따뜻한 한마디' 전하기

공유 4

멋진 말이나 거창한 표현보다 진심이면 된다

오후에 중요한 프레젠테이션을 앞두고 있으면, 아침부터 일이 손에 잡히지 않는다. 누구에게나 이런 긴장 되는 날이 있기 마련이다. 같은 사무실에서 일하는 동료나 선후배라면, '○○ 씨, 오늘 중요한 날이라고 했지.' 같은 말이 오가며 그가 긴장하고 있다는 것을 눈치채게 된다. 이럴 때 말을 걸어도 될지, 조용히 둬야 할지 고민만 하다 결국 아무 말도 못 하는 사람들이 많다.

내가 리쿠르트에서 일하기 시작했을 때, 고객의 불만에 어떻게 대응해야 할지 몰라서 한 선배에게 상담을 요청한 적이 있었다. 그러자 그 선배는 내가 고객에게 연락해야 하는 날을 기억해 두었다가, 그날 아침에 출근하자마자 "오늘이지?" 하고 가볍게 말을 걸어주었다. 그 한마디가 내게 큰 힘이 되었다.

그때 느낀 감정은 나의 무의식에 좋은 기억으로 새겨졌고, 이후 나는 중요한 일을 앞두고 긴장한 사람을 볼 때마다 "오늘이지?"하고 말을 걸기 시작했다.

무심한 듯 건넨 한마디가, 때로는 큰 배려가 될 수 있다는 사실을 깨달은 것이다.

불필요한 조언이나 잔소리는 자제한다

앞서 설명한 사례처럼, 상대가 평소와 다르다는 것을 눈치챘을 때, 말을 걸고 싶어도 주저하는 사람들이 많다. 어쩌면 '상황에 어울리는 말을 해야 한다.'라는 부담 때문일지도 모른다. '상대를 위한 일'이라고 생각하면서 말을 걸고 다니는 사람은, 대개 자신의 경험담을 길게 이야기한다.

상대가 신입 사원이라면 이런 식의 조언도 도움이 될 수 있지만, 2년 차 이상인 동료라면 이미 스스로 생각하는 힘을 갖추고 있을 것이다. 이럴 때 지나친 조언이나 잔소리는 오히려 역효과를 낸다. "오늘이지?" 정도에서 멈추고, 지켜보는 태도가 바람직하다.

극단적인 예로, "절대 실수하지 마."라거나 "제안에서 떨어지면 돌아올 생각은 아예 하지 말라고."라며 괜한 부담을 주는 상사도 있다. 물론 이런 압박감을 동력으로 삼는 사람도 일부 있지만, 요즘 같은 시대에는 상대가 부담을 느낄 가능성이 조금이라도 있다면 그런 태도는 자제하는 것이 바람직하다.

핵심만 간단히 공유하고, 나머지는 상대가 스스로 생각하도록 두자. 그리고 중요한 날 아침, 사무실에서 마주치는 순간에 짧은 한마디를 건네자. 그 짧은 말 한마디가 상대에게 큰 용기가 될 것이다.

사전 조사로 얻은 내용을 '절대 과시하지 않기'

아는 것을 자랑하듯 늘어놓으면
오히려 거부감이 든다

당신은 업무와 관련된 사람을 만나기 전에 '사전 조사'를 하는가? 특히 영업 분야에서는 미리 조사해 둔 고객 정보가 계약의 열쇠가 되기도 한다.

물론 많은 시간을 들여 깊이 조사한 내용일 필요는 없다. 상대에 대해 알고 있는 사실을 가볍게 한두 마디 언급하는 것만으로도, 당신의 정성과 배려는 충분히 전달된다.

유용한 정보 중 하나가 바로, 메일 주소다. 회사에 따라 앳 마크(@) 앞부분을 자유롭게 설정하기도 한다.

예를 들어, 거래처 직원의 메일 주소가 'divareiko1025@

○○○.com'이라면 'diva'는 '가희(歌姬)'라는 뜻으로, 노래하기를 좋아하는 10월 25일생 레이코 씨를 상상할 수 있다. 사실과 다를 수도 있지만, 아이스 브레이킹 소재로도 나쁘지 않다.

다만 상대의 정보를 알고 있다고 해서, '나는 당신에 대해 이만큼 알고 있어요.'라고 과시하면 어색해질 수 있다. 처음에는 호감을 줄 수 있을지 몰라도, 이야기가 길어질수록 점점 계산적인 사람으로 보일 수도 있다.

그리고 상대 회사의 직원도 잘 모르는 신상품이나 기업 정보를 자랑하듯 늘어놓는 것도 피하자. 면접 자리라면 몰라도, 일반적인 비즈니스 상황에서 지나치게 나서는 것은 좋지 않다.

"며칠 전부터 궁금했는데, ○○ 씨는 노래하는 걸 좋아하시나요? 별자리는 전갈자리죠? 'diva'는 이탈리아어로 '여신'이라는 뜻이래요."

이처럼 자신의 지식을 과시하는 듯한 태도는, 오히려 상대에게 거부감을 줄 수 있다.

미리 얻은 정보는 대화가 막힐 때 꺼내는 무기다

사전 조사 정보는 어디까지나 '예비용'이다. 상대가 그와 관련된 내용을 말할 때, 자연스럽게 덧붙여 말하는 정도가 적당하다. 가벼운 대화의 물꼬를 트거나 어색한 침묵을 깨는 용도로도 사용할 수 있다.

예를 들어, 상대 회사에 후쿠오카 지점이 있다는 사실을 알고 있다고 하자. 마침, 상대가 가고시마에도 지점을 낼 예정이라는 이야기를 꺼냈다면, 그때는 알고 있는 정보를 가볍게 덧붙이는 것만으로도 충분하다.

"가고시마에요? 잘됐네요! 그러고 보니 후쿠오카에도 지점이 있지 않았나요? 그쪽은 신칸센 접근성이 좋더라고요."

하지만 '오사카에도 지점이 있죠.'라거나 '이번 공채에서 대졸 신입을 100명 채용할 예정이라고 들었어요.'처럼 미리 조사해 둔 내용 전부를 말하려고 하지는 말자.

준비한 내용 중 80%는 말하지 않아도 괜찮다. 사전 조사의 목적은 내가 준비했다는 사실을 어필하는 것이 아니라, 눈앞에 있는 사람과 즐거운 대화를 나누는 데 있다.

사소한 대화를 잘하는 방법

사소한 대화에서도 배려는 드러난다. 일을 마치고 정중히 인사만 해도 '일을 잘한다.'라는 인상을 줄 수 있지만, 여기에 어색한 분위기를 풀어주는 사소한 대화까지 더해진다면, 더 좋은 인상을 남길 수 있다.

특히 온라인 회의를 하다 보면 공유 화면 오류, 접속 불안정, 준비 지연 등으로 어색한 침묵이 생기기 쉽다.

그럴 때 누군가 눈치 빠르게 상황에 맞는 이야기를 자연스럽게 꺼내면, 참석자들이 안도감을 느낀다. 사소한 대화를 잘하려면, 상대가 관심 가질 만한 주제를 미리 알아두는 것도 중요하다. 앞서 말했듯, 이를 위해 사전에 정보를 파악해 두면 큰 도움이 된다.

다음과 같은 항목을 확인해 보자.

- 회사 홈페이지
- 규모가 있는 회사일 경우, 현재 방영 중인 광고
- X(구 트위터)를 비롯한 SNS(기업, 개인)
- 상대의 이름을 검색(사진, 인터넷 기사, 세미나 공지)

아무리 많은 화제를 준비했더라도, '나는 당신에 대해 이렇게 많이 알고 있어요.'라는 인상을 주지 않도록 주의하자. 양쪽 모두와 관련 있는 소재를 한두 가지만 자연스럽게 꺼내도 충분히 좋은 인상을 줄 수 있다.

참고로, 나는 일로 처음 만나는 사람과 대화하기 전에는 그 사람이 다니는 회사의 인재상이나 채용 공고를 살펴본다. 회사 분위기를 알 수 있다는 점에서 꽤 유용한 사전 정보다.

"회사 X 계정에서 봤어요. 미국에도 지사를 내신다면서요?"

"올봄에 Z세대를 겨냥한 신제품을 출시하시죠? 홈페이지에서 봤어요!"

이처럼 한두 가지 정보를 바탕으로 자연스럽게 대화를 시작한다.

대화를 여유 있게 이끌어 가는 힘은, 충분한 사전 준비에서 나온다.

업무의 목적을 '가시화'하기

이유도 모르고 하는 일은
'단순 작업'이 되기 쉽다

 일본 기업에서는 팀워크와 상하 관계를 매우 중시하기 때문에, 일이 잘못되기 전에 상사에게 보고하고, 관련자들과 수시로 연락하고, 어려운 일이 생기면 미리 상담하는 것을 직장인의 기본 자세로 여깁니다.(일본에서는 '보고, 연락, 상담'의 일본어 앞글자를 따서 '호렌소'라고 부를 정도로 중요한 커뮤니케이션 원칙으로 여긴다) 그런데 정작 '보고, 연락, 상담'이 제대로 정착되지 않은 기업이 많다.

 실제로 기업으로부터 상담 요청이 자주 들어오는 주제 중 하나이기도 하다. 76쪽에서도 언급했듯이, 젊은 직원들

사이에 '보고, 연락, 상담'을 정착시키는 효과적인 방법이 있다. 그것은 바로, 일의 목적을 공유하는 것이다.

일의 목적을 모르면, 일은 그저 '단순 작업'이 된다.

예를 들어, 내일 손님을 집에 초대했다면 당신은 미리 청소할 것이다. 깨끗한 집에서 손님을 맞이하고 싶기 때문이다. 이처럼 목적이 분명하면 청소도 의미 있는 일이 된다.

한편, 미국에서 일식당을 운영할 때 있었던 일이다. 잠시 자리를 비우게 되어 한 직원에게 청소기를 돌려 달라고 부탁했다. 그는 군말 없이 청소했지만, 나중에 확인해 보니 청소 전과 큰 차이가 없었다. 그 이유는 간단했다. 그가 생각한 '청소기를 돌린다.'라는 행동에는 '식당 내부를 깨끗이 정리한다.'라는 목적이 없었기 때문이다. 그저 사장이 시켰으니, 청소기로 바닥을 대충 쓸어버리는 '단순 작업'을 했을 뿐이다.

'보고, 연락, 상담'도 마찬가지다. '하라고 시켰으니 한다.'라는 태도로는 아무런 효과도 기대할 수 없다.

일의 목적은 눈에 보이는 형태로 전달하자

'보고, 연락, 상담'을 정착시키려면 일의 목적과 함께, '그 일을 하면 누가 좋아하고, 하지 않으면 누가 곤란해지는지'를 함께 알려야 한다. 그렇지 않으면 일은 금세 '단순 작업'으로 전락하고 만다.

목적을 공유하는 효과적인 방법의 하나는 문서로 작성해 전달하는 것, 즉 '가시화'다. 말로만 공유하면 쉽게 잊히기 쉽다. 반면 문서를 보여 주면서 말로 설명하면 기억에도 오래 남고, 회의가 끝난 뒤 메신저나 메일로 파일을 보내서 기록으로 남길 수도 있다.

'가시화'의 또 다른 효과는, 회사 안에 자리 잡은 의미 없는 습관들을 되돌아보게 해준다는 점이다. 오랫동안 기계적으로 하던 일이라도, 그 목적과 필요성을 눈에 보이게 정리해 보면 '이걸 꼭 해야 할까?'라는 질문을 하게 되고, 그 과정에서 시간과 에너지를 아끼는 방법을 찾을 수 있다.

후배들이 "이 일은 왜 하는 거죠?"라고 묻는다면, 그 일의 필요성을 다시 생각해 볼 때가 온 것이다. 매일 반복하는 일이 단순 작업에 그치지 않도록, 목적의 공유와 가시화를 반드시 실천해 보자.

04

상대의 공간을 존중하는 '영역'의 기술

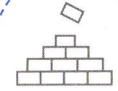

상대의 공간을 흙 묻은 발로 성큼성큼 걸어서 침범하면, 상대는 당연히 스트레스를 받을 것이다. 이럴 때 필요한 배려의 원칙이 바로 '영역'이다.

1부에서 소개한 '상대 마음속의 벽'이라는 개념을 한층 더 보강하는 원칙이기도 하다. 자신이 가진 정보를 '공유'했으면, 그다음부터는 상대의 영역이다. 그 영역에 침범한 것 같으면 한 발짝 물러나는 것이 옳다.

상담하다 보면, 퇴사를 원하면서도 남은 직원들을 걱정해 쉽게 결정을 내리지 못하는 팀장들을 종종 만난다. 언뜻 보면 배려처럼 보이지만, 사실은 직원들의 영역에 함부로 침범한 것이다. 자기가 없으면 남은 직원들이 일을 제대로 해내지 못할 것이라고 단정하기 때문이다.

상대를 존중할 줄 아는 사람이라면, 인수인계를 꼼꼼히 하고 **그 이후의 일은 남은 사람들이 고민할 문제**라고 생각할 것이다.

상대의 '영역'을 계속 침범하다 보면, 상대에게 상처를 입힐 수 있다. 자리에서 분위기를 띄우기 위해, 누군가를 놀리거나 비꼬는 행동이 대표적인 예다. 관계나 상황에 따라 다를 수 있지만, 장난으로도 놀림당하는 것을 싫어하는 사람이라면 절대 그렇게 해서는 안 된다.

'상대 마음속의 벽' 너머는 함부로 드나들어서는 안 되는 '영역'임을 잊지 말자.

'마음에 드는 부분'은
있는 그대로 전하기

단점이 눈에 띄어도 장점을 먼저 말하라

아들러 심리학에서는 '다른 사람이 스스로 문제를 해결할 수 있도록 활력을 불어넣어 주는 일'을 가리켜 '용기 주기'라고 한다. 그리고 다른 사람에게 용기를 주는 방법의 하나가 바로 '장점 끄집어내기'다. 상대의 행동 중 '괜찮은데?' 싶은 부분을 끄집어내서 언급해 주는 것이다.

그런데 우리는 '단점 끄집어내기'에 더 익숙할지도 모른다.

예를 들어, 팀원이 제안서 발표에 쓸 프레젠테이션 자료를 만들어왔다고 하자. 근거 자료도 꼼꼼히 조사했고, 전달하고자 하는 내용도 명확하며, 예상 질문에 대한 답변도 잘 정리했다. 프레젠테이션 당일 거래처의 반응도 좋았다.

그런데 당신은 발표를 듣는 내내 근거를 설명하는 부분이 너무 길다고 느꼈다. 이때 당신은 "설명 부분이 너무 길었어."라고 한마디 하고 싶을지도 모른다.

일을 잘하는 사람일수록 후배나 팀원의 아쉬운 점이 눈에 먼저 들어오곤 한다. 잘한 부분도 분명 많은데, 자신도 모르게 부족한 부분부터 주목하게 되는 것이다.

칭찬이 과하면 오히려 어색해진다

이럴 때는 의식적으로 '잘한 점'에 주목하자. 그러려면 비평을 가장한 비난이 아니라 '장점 끄집어내기'를 배워야 한다. '도무지 잘한 점이 보이지 않는다.'라는 사람일수록, 남들보다 눈에 띄게 뛰어난 부분만 찾으려는 경향이 있다. 하지만 중요한 건 그런 뛰어난 부분이 아니라, '제대로 해낸 일'이나 '이전에는 못 했던 일을 이번에는 해낸 행동'에 주목하고 그것을 구체적인 말로 표현해 주는 것이다.

앞서 이야기한 프레젠테이션 자료 같은 상황이라면, "그 자료, 효과가 좋던데?"라거나 "질문에 대한 답이 아주 적절했어."라고 잘한 점만 언급하면 된다. 당연한 말이지만, 생각은 입 밖에 내지 않으면 상대에게 전해지지 않는다. 눈에 보이는 그대로를 칭찬하면, 상대는 다음에도 열심히 해야겠다고 마음먹을 것이다.

이렇게 말하면 가끔 선을 넘는 사람이 있다. 장점을 끄집어내는 것을 넘어, 과도하게 칭찬을 늘어놓는 사람이다.

"역시 완벽 그 자체네요. 감탄밖에 안 나와요. 정말 대단해요!"

"○○ 씨라면 무조건 해낼 줄 알았어요! 역시 기대를 저버리지 않으시네요. 멋져요."

이처럼 과한 칭찬은 오히려 진정성이 느껴지지 않을 수도 있다. 이런 표현은 상대의 영역을 침범하는 것이 될 수도 있다. 서로 피곤하게 만드는 배려는 필요 없다. 그저 묵묵히 해낸 '잘한 행동'을 구체적인 말로 표현해 주기만 해도 충분하다.

영역 2

지적하기 전에 '상대의 사정'부터 들어주기

무거운 이야기를 꺼내기 전에
먼저 상대의 마음부터 가볍게 해주자

나는 사내 교육 담당자를 대상으로 하는 연수를 시작할 때마다, 한 사람씩 돌아가면서 '선배가 해 줬을 때 좋았던 일'과 '싫었던 일'을 발표하게 한다.

가장 많은 사람이 '싫었던 일'로 꼽은 것은 바로, '일방적으로 혼나는 것'이었다. 그리고 그런 혼나는 상황에서 가장 듣기 싫었던 말들은 다음과 같다.

"대체 무슨 생각으로 그런 행동을 한 거야?"
"전에도 몇 번이나 알려줬잖아."

"언제쯤 한 사람 몫을 할 거야?"

이런 식으로 말하는 선배는 실수나 문제를 해결할 여유가 부족해서일지도 모른다. 하지만 혼나는 사람은 사과하는 것 외에는 할 말이 없으니, 효과적인 문제 해결은 점점 멀어지게 된다. 145쪽에서 언급한 것처럼, 과거의 일까지 끄집어내서 설교하는 사람도 있다.

이는 '예전에 실수했으니, 이번에도 실수했을 것'이라는 잘못된 속단에서 비롯된다. 하지만 예전의 실수와 이번 일 사이에는 직접적인 인과관계가 없다. 이런 속단은 '상대의 영역'을 침범하는 것이며, 성장하려는 사람의 길을 가로막는 장애물이기도 하다.

실수 후에도 관계를 지키는 방법

혹시 후배나 팀원이 실수했을 때 자기도 모르게, '역시 그럴 줄 알았어.' 또는 '다음에 또 실수하겠지.'라는 생각이 떠오른 적은 없었는가? 사람은 흔히 '자신은 노력에 따라 바뀔 수 있다고 믿으면서도, 다른 사람은 쉽게 바뀌지 않는다.'라고 단정 짓는 경향이 있다.

하지만, 이 책에서 여러 번 말했듯, 당신 마음속에 벽이 있는 것처럼, 다른 사람의 마음속에도 벽이 있다. 즉 당신도, 다른 사람도 충분히 바뀔 수 있다. 인간이 가진 가능성을 믿어보자.

사람들이 실수했을 때 가장 먼저 바라는 것은, '자신의 사정이나 변명을 들어주는 일'일 것이다. 물론 그 말을 모두 믿을 필요는 없다. 하지만 하고 싶은 말을 끝까지 귀 기울여 들어주는 것만으로도 큰 위로가 된다.

사정을 듣고 나면 실수의 이유가 분명해지고, 실수한 사람도 마음속 이야기를 털어놓으며 감정을 가라앉힐 수 있다. 그러다 보면, 자신의 설명이나 지도가 부족했던 것은 아닌지 돌아보게 된다. 그랬다면 솔직하게 사과하자. 선배나 상사의 진심이 담긴 사과는, 오히려 관계를 더욱 단단하게 만드는 계기가 된다.

문제 제기 메일은
'난처함을 먼저' 전하고
'제안으로 마무리'하기

감정은 내려두고 차분하게 요점만 전달하자

일하다 보면 어쩔 수 없이 문제를 제기해야 할 때가 있다. 쓴소리는 듣는 사람도 불편하지만, 말하는 사람에게도 적지 않은 에너지가 필요하다. 당신도 '이걸 어떻게 말하지……'라며 고민했던 경험이 있을 것이다.

가령, 당신의 일정을 전혀 반영하지 않은 회의 공지 메일을 받았다고 생각해 보자. 그러면 이런 식으로 답장을 보내는 사람이 있다.

'내년도 사무실 환경 개선 회의에 참석해 달라는 요청을 받았습니다. 하지만 연말이 얼마 남지 않아 도저히 시간을 낼 수 없습니다. 연말마다 바쁘다는 사실을 잘 알면서도 굳이 이 시기에 회의를 여는 이유가 무엇인가요? 사무실 환경을 개선하기 전에 직원들의 업무 상황부터 고려해 주세요.'

문제 제기의 목적은, 상대가 '당신의 상황을 이해해 주는 것'이다. 그런데 이렇게 메일을 쓰면, 상대는 당신을 이해하기에 앞서 '왜 이렇게 감정적이지?', '이렇게까지 말할 건 없는 것 같은데.'라며 부정적인 인상을 먼저 받을 수 있다.

물론 당신은, 지금 당신의 난처한 상황을 알리고 싶었을 것이다.

자신을 지나치게 낮추지 말자

이럴 때는 아래의 바람직한 메일 예시처럼 '난처함'과 '제안'을 하나로 묶어 전하는 것이 효과적이다. 이런 메일을 받으면, 상대를 '이해'할 수 있을 뿐만 아니라, **배려가 부족했던 자신의 행동에 대해 '반성'하는 마음도 생긴다.** 배려를 담아 메일을 보내면, 자신이 원하는 반응으로 돌아올 가능성이 훨씬 높아진다.

다만 아래의 바람직하지 않은 메일 예시처럼, 배려하면서 자신을 지나치게 낮춰서는 안 된다. 자신을 낮추면서 보낸 메일은 '문제 제기'가 아니라, 단순히 '속없는 부탁'으로 들릴 수 있기 때문이다. 상대는 당신에게 폐를 끼쳤다는 사실을 느끼지 못해서, 다음에도 비슷한 메일을 보낼지도 모른다. 서로의 영역을 지키기 위해서라도, 난처한 상황이 무엇인지를 분명하게 알리자.

> **바람직한 메일 예시**
>
> 이번 사무실 환경 개선 회의에는 참석하기 힘들 것 같습니다.
> 연말에 업무가 집중되는 부서 특성상 한 시간도 자리를 비우기 힘든 상황입니다. 다만 주제 자체는 평소 관심 있었던 분야이므로, 다음 회의에는 꼭 참석하고 싶습니다.
> 내년에는 11월쯤 진행하면 어떨까요? 11월이라면 참석할 수 있을 것 같습니다.

바람직하지 않은 메일 예시

내년도 사무실 환경 개선 회의에 관한 참석 요청 메일을 보내주셔서 감사합니다.

사무실 환경 개선 위원회에 계신 분들께는 늘 감사하는 마음을 갖고 있습니다. 매우 죄송하지만, 연말에 업무가 집중되는 부서 특성상 일정을 조정하기 어렵습니다.

모처럼 요청해 주셨는데 대단히 죄송합니다.

부탁할 때는
'거절할 수 있는 여지'를 주기

부담스러운 메일은 좋은 답장을 받기 어렵다

 부탁하는 메일을 잘 쓰는 사람은 어떤 표현을 사용할까? 부탁한다는 것은, 곧 상대의 허가나 승낙이 필요하다는 뜻이다. 최종 결정은 상대의 몫이다. 아무리 매력적인 안건이라도 일정이 맞지 않으면 승낙할 수 없고, 무슨 수를 써도 바꿀 수가 없는 사정도 있는 법이다. 이때 '거절할 수 있는 여지'가 있으면, 서로의 마음이 한결 가벼워진다.

 그런데도 어떻게든 승낙을 받아내려는 마음에 다음과 같이 메일을 보내고 있지는 않은가?

 '사무국에서는 이번 세미나의 강연자로 ○○ 씨 외에 다른 사람은 전혀 고려하지 않았습니다. 바쁘시겠지만 저희에게 힘을 빌려주시면 감사하겠습니다. 어떤 조건이든 긍정적으로 검토하겠습니다. 세미나에 오시는 분들이 기뻐할 모습이 벌써 눈앞에 선합니다. 자세한 내용은 첨부 파일을 참고해 주세요.'

어떤 느낌이 드는가? 메일을 받은 사람이 일정 등이 맞지 않아서 거절해야 하는 상황이라면, 이처럼 지나치게 간곡한 표현은 상대에게 오히려 부담될 수 있다. 답장 메일을 쓰는 것도, 쉽지 않을 것이다. 이런 식으로 부탁하는 것은, 상대의 영역을 침범하는 것과 다름없다.

배려가 담긴 거절 메일은
다음 기회의 가능성을 남겨둔다

앞서 이야기했듯이 업무 관련 의뢰 메일을 보낼 때는 '거절할 수 있는 여지'를 남겨두는 것이 상대에 대한 배려다. 특히 처음 보내는 메일이라면, 용건의 개요만 파악할 수 있을 정도면 된다. 아래의 메일 예시를 살펴보자. 용건이 한눈에 들어오고, 내용도 무겁지 않아서 상대가 거절하더라도 크게 부담을 느끼지 않을 것이다.

그러면 이번에는 안되더라도, 다음에 부탁할 때는 승낙할 가능성도 높아진다.

바람직한 메일 예시

처음으로 연락드립니다. '○○ 스포츠 엑스포 2025' 사무국의 ○○ 라고 합니다.

오늘은 해외 원정 경기 경험이 풍부한 ○○ 님에게 이번 행사의 주제 강연을 부탁드리고자

메일 드리게 되었습니다.

'○○ 스포츠 엑스포 2025'는 해외 관광객들이 우리의 스포츠 문화를 즐기면서 대학생들과 교류하는 것을 목적으로 합니다.

[○○ 스포츠 엑스포 2025]

장소: ABC돔 A홀

일시: 2025년 6월 7일(토) 10:00~15:00

우선 관심이 있으신지만이라도 회신해 주실 수 있을까요? 관심이 있으시다면 편하실 때 직접 찾아뵙고 자세히 설명해 드리겠습니다. 답장 기다리고 있겠습니다.

아무쪼록 잘 부탁드립니다.

부탁받는 것은 기분 좋은 일이다

'거절할 수 있는 여지'를 남겨두더라도, 물론 상대가 흔쾌히 승낙해 주는 것이 가장 좋다. 이를 위해 필요한 배려도 함께 살펴보자.

남에게 무언가를 부탁할 때마다 말을 꺼내기 어려워하는 사람들이 있다. 아마도 상대에게 폐를 끼치고 싶지 않다는 마음 때문일 것이다.

상사나 선배에게 '부탁이 있어요.'라고 말하면, 대부분은 그 말을 기쁘게 받아들일 것이다. 바쁘더라도 누군가에게 부탁을 받는 일은 자존감을 높여주고, 마냥 싫지만은 않은 기분이 들게 한다. 부탁할 때 꼭 기억해야 할 배려는, '부탁하는 이유를 분명히 밝히는 것'이다.

예를 들어, 누구나 할 수 있는 자잘한 일을 맡기면서 '너라면 할 수 있어.' 같이 이유 같지 않은 이유를 들면, 상대는 일을 억지로 떠맡았다고 느낄 수 있다. 상대를 지켜보며 어떤 점을 보고 그렇게 판단했는지, 구체적으로 전하는 것이 중요하다.

아래 메일 예시를 보자. 부탁의 이유가 이토록 분명하다면, 누구라도 '좋아, 두 팔 걷어붙이고 해볼까?'라는 마음이 들 것이다. 반대로, 뚜렷한 이유 없이 부탁하거나 상대가 거절했음에도 끈질기게 매달리는 태도는 상대의 영역을 침범하는 것과 다름없다.

서로 기분 좋게 일을 승낙하거나 거절할 수 있도록, 표현 방식에 유의하자.

> **바람직한 메일 예시**
>
> 부탁드릴 일이 있습니다. 내일 있을 전체 팀장 회의에 저 대신 참석해 주실 수 있을까요?
>
> 갑자기 거래처에서 논의할 내용이 생겨, 부득이하게 제가 회의

에 참석할 수 없게 되었습니다. 내일 회의는 ○○ 씨도 함께 진행하는 △△ 프로젝트에 관한 내용이고, 평소 팀 회의에서 당당하게 발표하는 ○○ 씨의 모습을 보고 믿고 맡길 수 있겠다고 생각했습니다.

참석해 주실 수 있는지 회신 부탁드립니다.

거절하는 메일은 '결론'부터 쓰기

거절은 애매하지 않고
똑 부러지게 전하는 것이 배려다

앞에서 부탁하는 메일을 보낼 때 '거절할 수 있는 여지'를 남겨야 한다고 했다. 이번에는 반대로 부탁을 거절하는 메일을 보낼 때 필요한 배려에 대해 알아보겠다.

거절은 누구에게나 어렵고 부담스러운 일이다.

'말을 걸어준 상대가 실망하지 않을까?' 혹은 '미움받지 않을까?' 하는 걱정 때문일 것이다. 하지만 부탁한 상대의 입장도 생각해 보자. 안 되는 일이라면 **가능한 한 빨리 거절해 주는 것이 오히려 배려다**. 애매하게 여지를 남기거나, 거절 표현을 고민하느라 답변을 미루는 것보다 훨씬 친절하고 실질적인 도움이 된다.

문제는 거절 의사를 어떻게 전하느냐다. 배려심이 많은 사람일수록 거절에 대한 미안함을 길게 설명하려는 경향이 있다. 고객 응대 업무를 하던 시절, 크게 화난 것도 아닌 고객에게 미안함을 과하게 표현했다가 이런 말을 들은 적이 있다.

"자꾸 그러니까 제가 당신을 괴롭히는 것 같잖아요"

그리고 나는 그 말에 또 사과했고, 그렇게 사과가 이어지는 악순환에 빠졌다. '잘해야 한다.'라는 마음이 오히려 상대의 영역을 침범하는 것이다.

가능하다면 거절과 함께 대안을 제시해 보자

거절하는 메일을 쓸 때도 그 상황에 맞는 배려가 필요하다. 아래 예시처럼 '결론→이유→사과→대안' 순서로 쓰면 된다. 사실 상대가 가장 궁금한 것은, '부탁의 수락 여부'이다.

그래서 먼저 결론부터 알리는 것이 배려다.

'귀사의 의뢰에 깊이 감사드립니다만, 내부 사정으로 인해 이번 업무는 맡기 어렵습니다.'

마음이 약한 사람은 '거절 이유'를 자세히 설명해야 한다는 생각에 메일의 마지막에 가서야 결론을 말하기 쉽다. 그 마음은 이해하지만, 상대를 존중하려면 결론부터 알리는 것이 좋다. 거절 이유가 분명하면 상대도 받아들이고 다른 방법을 찾을 수 있기 때문이다. 거절하더라도 대안을 함께 제시하면, '어떻게든 도움을 주고 싶다.'라는 진심이 상대에게 전해진다.

거절을 앞두고 있다면 아래와 같은 형식으로 메일을 써 보길 바란다.

바람직한 메일 예시

(결론) 귀사의 의뢰에 깊이 감사드리지만, 이번 계약은 맡기 어렵습니다.

(이유) 최근 악천후로 인해 자재 수급이 원활하지 않아, 원하시

는 날짜까지 납품하기 힘들기 때문입니다.

(사과) 모처럼 의뢰해 주셨는데 힘이 되어드리지 못해 죄송합니다.

(대안) 대신 한 가지 제안을 합니다. 저희 거래처인 A사에서도 같은 제품을 취급하고 있습니다. 괜찮으시다면 연결해 드릴 수 있습니다.

메일 속 '가벼운 대화'에도 반응하기

사무적인 메일에도 따뜻함이 필요하다

메일로 주고받는 가벼운 대화에 대해 생각해 보자. 후배에게서 이런 메일을 받았다면 어떻게 답장할 것인가?

'어제 점심 식사 감사했습니다. 평소 자주 가시는 단골 가게로 데려가 주셔서 더욱 기뻤습니다. 입사 초기에 겪으셨던 실수담에서도 많은 것을 배울 수 있었습니다.'

답장을 쓰기 전에 잠깐 살펴볼 것이 있다.

혹시 '소셜 스타일(Social Style)'이라는 개념을 들어 본 적 있는가? 이 개념은 당신이 커뮤니케이션을 판단할 때, 또 하나의 기준이 될 수 있다.

소셜 스타일이란 미국의 산업심리학자인 데이비드 메릴(David Merrill)이 제안한 커뮤니케이션 이론으로, 사람들의 커뮤니케이션 유형을 '감정'과 '자기주장'이라는 기준에 따라 아래와 같이 네 가지로 분류한 것이다.

- 성과 주도형(driver)
- 분석형(analytical)
- 표출형(expressive)
- 우호형(amiable)

소셜 스타일은 영업이나 서비스 분야의 교육 현장에서 활용되고 있다. 자신의 유형을 알고 더 나아가 고객의 유형을 알면 대응이 한결 매끄러워진다. 커뮤니케이션 방식의 차이에서 나오는 불필요한 스트레스를 피할 수도 있다. 각 유형의 특징은 메일 작성 방식에서도 확연히 드러난다.

앞서 소개한 메일처럼, '기쁘다' 같은 감정 표현이 들어 있으면, 메일을 보낸 사람은 '표출형'이나 '우호형'일 가능성이 크다. 그런데 간혹 이런 감사 메일에, 답장하지 않는 선배들도 있다. 그들은 아마 '성과 주도형'이나 '분석형'일 것이다. 그러나 답장이 오지 않으면, 후배는 '괜히 메일을 보냈나……'라며 고민할 수도 있다.

한편, 친절한 메일에 친절하게 답장하려다 보면, 오히려 과할 때도 있다.

'조만간 또 점심 먹으러 가요! 다음에는 이탈리아 음식 어때요? 회사 근처에 새로 생긴 가게가 있는데……'처럼 받은 메일보다 더 길게 답장하는 것이다. 그러면 답장을 받은 후배가 거기에 대해 또 답장해야 하는 상황이 반복된다.

무슨 일이든 적당한 선이 필요한 법이다.

'저도 즐거웠습니다. 그리고 제 경험이 도움이 되었다니 다행이네요.'

이 정도의 답장이면 상대에게도 크게 부담되지 않을 것이다. '이렇게까지 신경 써야 하나?' 하고 생각하는 사람도 있을 것이다. 하지만 직접 얼굴을 맞대고 소통할 기회가 점점 줄어드는 요즘, 이런 작은 반응 하나가 상대에 대한 존중과 배려로 이어진다.

업무 메일에 가벼운 한 문장을 덧붙여보자

이번에는 당신의 가벼운 대화가 상대를 기분 좋게 만드는 배려의 사례를 소개해 보겠다.

자취 중인 지인이 재택근무를 하는 날을 이렇게 표현했다.

"회사 사람들과는 메신저로만 대화하고, 온라인 회의도 카메라를 켜놓은 채 듣기만 하고……. 정신을 차리고 보니 하루 종일 내가 한 말이라고는 편의점에서 '카드로 결제할게요.'라는 이 한마디뿐이었어요."

그런 그에게서 이런 메일이 왔다.

'오늘은 아침부터 비가 많이 내려서 깜짝 놀랐습니다. 계신 곳은 괜찮으신가요?'

일과 관계없는 문장으로 시작하는 메일이었다. 그날 그는 '비'에게 고마움을 느꼈다고 한다.

일을 합리적으로 처리하는 사람들은 메일도 간결하다. 그러나 재택근무가 일상이 된 요즘이라면, 업무 메일에 가벼운 대화로 한두 문장을 더해 보는 것도 좋다. 어렵지 않다.

회의실을 들어가고 나갈 때 가볍게 일상 이야기를 나누는 것처럼, 메일의 처음이나 끝에 짧은 문장을 덧붙이면 된다. '고맙습니다.' 같은 간단한 인사말만으로도, 메일을 읽은 뒤에 부드러운 여운이 남는다.

급하거나 중요한 메일이 아니라면, 이런 소소한 '한 문장'을 불편해할 사람은 거의 없다. 이런 작은 표현도 상대를 존중하는 배려가 될 수 있다.

05

상대에게 안도감을 주는 '기억'의 힘

상대가 외로움에서 오는 스트레스를 느끼지 않도록 배려하는 원칙이 바로 '기억'이다. 4장에서 설명한 '**상대의 영역을 존중하는 것**'은, 단순히 '**내버려두는 것**'이 **아니다**. 상대가 '나를 지켜봐 주는 사람이 있구나', '나를 기억해 주는 사람이 있구나'라는 사실을 느끼며 마음의 안정을 얻을 수 있도록, 적절한 관심과 배려가 필요하다.

그렇다고 억지로 기억력을 키울 필요는 없다. 함께 나눈 대화나 나중에 전하고 싶은 말처럼, 일상에서 '알게 된 것'을 가볍게 메모해 두는 것만으로도 충분하다.

당신도 동료의 새로운 면이나 성장하는 모습을 보고, 속으로 감탄했던 순간이 있을 것이다. 하지만 일상에 치이다 보면 금세 잊어버리곤 한다.

평소에 주변 사람들을 잘 챙기는 사람들을 유심히 살펴보면, 그런 순간을 놓치지 않기 위해 틈틈이 메모를 남기는 모습을 볼 수 있을 것이다.

실제로 '일을 잘한다.'라는 평을 듣는 사람들은 팀원이 일지를 어떻게 작성하는지, 몇 시쯤 출근하는지, 회의 쉬는 시간에 어떤 대화를 나누는지, 요즘 관심사는 무엇인지를 메모해 둔다. 이런 기록 덕분에 일지 분량이 줄거나, 갑자기 지각을 하는 등의 작은 변화도 누구보다 빠르게 눈치채고 대응할 수 있다.

또한, 상대와 함께 '좋은 기억'을 남기는 것도 외로움에서 오는 스트레스를 줄이는 방법이다. '끝이 좋으면

다 좋다.'라는 말이 있다. 마지막 장에서는, **배려의 방법 가운데 가장 따뜻한 방식인 '기억'**을 이야기하며 이 책을 마무리하려고 한다.

'보이지 않는 수고' 기억하기

**당신이 편히 일할 수 있는 것은
누군가의 배려 덕분이다**

   '눈치라는 벽'을 하나씩 넘다 보면 평소와 조금만 달라져도 금세 알아차릴 수 있게 된다.

   '○○ 씨가 아침부터 기운이 없네(평소에는 항상 웃으며 출근하던 사람인데).'

   '회의 분위기가 뭔가 무거워졌어(지난주만 해도 다들 활발하게 의견을 냈는데).'

   평소의 상태를 잘 알고 있기에, 작은 차이도 눈에 띄는 것이다. 그러면 다른 직원에게 "무슨 일 있어?" 하고 조심스럽게 물어보거나, 회의에서 질문하는 방식을 바꿔 볼 수도 있다.

여기서 하나 묻고 싶은 게 있다.

당신은 회사에서 비품이 떨어질 때마다 누가 그것을 채워 넣는지 알고 있는가?

그 사람의 얼굴이 바로 떠오르는가? 이름을 말할 수 있는가?

자신 있게 답한 사람도 있을 테고, 아닌 사람도 있을 것이다. 회사에서 그런 '보이지 않는 수고'를 해주는 사람은 생각보다 많다.

- 화분에 꼬박꼬박 물 주기
- 출근하자마자 블라인드 올리기
- 인쇄용지가 떨어지기 전에 채워 넣기

나도 사회 초년생 시절에는, 이런 일들을 그저 사소한 일로 여겼다. 그러던 어느 날 저녁, 탕비실에서 공용으로 사용하는 가습기 물통을 씻고 있던 다른 팀 직원을 우연히 보게 되었다. 놀라서 말을 걸자, 그 직원은 웃는 얼굴로 "제가 하고 싶어서 하는 거예요."라고 말했다.

사무실의 쾌적한 환경이 이렇게 누군가의 작은 호의로 유지되고 있다는 사실에, 그동안 아무것도 하지 않았던 나를 반성하게 되었다.

누군가의 배려로 보내는 평범한 일상에 감사하자

'들어가며'에서도 잠깐 언급했듯, 소소한 차이를 알아차릴 수 있느냐는 개인차가 있지만, '업무 환경의 일반적인 상태를 알아두는 것'과 '누가 무엇을 하고 있는지 살펴보는 것'은 누구나 할 수 있는 일이다. 하지만, 아무리 보고 있어도 의식하지 않으면 인식으로 이어지지 않는다.

그래서 늘 주변을 살피며, 그 '일반적인 상태'를 유지해 주는 사람들에게 감사하는 마음을 잊지 말아야 한다. 그리고 기회가 올 때 이렇게 전해 보자.

"늘 고마워요. 무슨 일 있으면 꼭 말해 주세요."

내가 리쿠르트에 다닐 때, 어느 상사가 이런 말을 자주 했다.

"나를 중심으로 반경 5미터 안에 있는 사람들을 행복하게 만드는 것이 중요하다."

누군가 자신을 지켜봐 주고, 기억해 주는 사람이 있다는 사실을 느끼는 순간, 진정으로 행복하지 않을까?

'의기소침해진 동료'에게 먼저 다가가기

외로움은 퇴사로 이어질 수도 있다

일하다 보면 누구나 의기소침해질 때가 있다. 성공할 줄 알았던 프로젝트가 무산되거나, 회의 도중 상사에게 공개적으로 지적을 받거나……. 특히 경력이 짧을수록, 기분 좋은 날보다 일이 잘 풀리지 않는 날이 더 많을지도 모른다.

어느 젊은 팀장의 경험을 소개하려 한다.

임원들까지 참석한 중요한 회의에서 그는 조직 구조 개선안을 제안했다. 회의 전에 직속 상사에게 내용을 미리 공유했고, 예상되는 지적에 대비해 반론도 준비해 두었다. 하지만 결과는 만장일치로 '반대'였다. 그는 눈에 띄게 어깨를 떨군 채 회의실을 나섰고, 이후 상사에게서 피드백 한마디 듣지 못했다. 회사에 혼자 덩그러니 남겨진 듯한 외로움만 느꼈다고 한다.

이런 이야기는 다른 회사에서도 흔히 들을 수 있다. 여러 사람과 함께 사무실에서 일하다 보면, 누군가 눈에 띄게 기운이 빠져 있는 모습을 발견할 때가 있다.

그럴 때 당신이라면 어떻게 하겠는가?

방금 이야기한 사례처럼, 회의가 끝난 뒤 상사가 짧게라도 말을 건넸거나, 동료가 따뜻한 말 한마디라도 걸어주었더라면, 그는 그날의 외로움을 조금 덜 느꼈을지도 모른다.

물론, 자존심이 강한 사람이라면 가만히 내버려두는 것도 일종의 배려일 수 있다. 그러나 적절한 시기에 필요한 말을 건네지 못한다면, 결국 약해진 마음을 혼자 끌어안은 채 조용히 사직서를 낼 수도 있다.

사소한 한마디가 상대를 안심시킨다

말을 건넨다는 건 거창한 일이 아니다. 회의가 끝난 뒤, "5분만 시간 내 줄래요?" 하고 조심스레 말을 거는 것만으로도 충분하다. 책임자라면, 다른 직원 일의 '뒷수습'까지도 업무의 일부로 여겨야 한다. 직속 상사가 아니더라도, 같은 회사의 동료라면 비록 오지랖처럼 보일지라도 도움이 필요한 순간에 손을 내미는 용기가 필요하다.

물론 말을 걸었는데, "지금은 좀 바빠서요……" 또는 "전 괜찮아요." 같은 대답이 돌아올 수도 있다. 그럴 땐 조용히 물러서면 된다. 당신이 '자신 마음속의 벽'을 넘었다면, 그다음은 '상대 마음속의 벽' 문제다.

"언제든지 편할 때 말 걸어 줘요."라고 말하고, 그 자리를 떠나자.

상대는 당신이 지켜보고 있다는 사실과 지금 상황을 걱정하고 있다는 그 마음만으로도 위안을 얻을 것이다.

누군가에게 힘이 되어 주는 일을 주저하지 않도록 우리 모두 노력해 보자.

칭찬은 '당사자가 없는 자리'에서 하기

다른 사람의 장점을 주변에 적극적으로 알리자

163쪽에서 '장점 끄집어내기'에 대해 설명했다.

상대가 '제대로 해낸 일'이나 '이전에는 못 했던 일을 이번에는 해낸 행동'을 말로 표현하는 것이다. 하지만 '상대의 장점을 한번 끄집어내 볼까?'라고 생각할 때는, 상대는 이미 자리를 떠난 뒤다. 그래서 칭찬은 타이밍이 중요하고, 그때를 놓치면 어려운 것이다.

그래도 너무 어렵게 생각할 필요는 없다. 모처럼 '자신 마음속의 벽'을 넘기로 결심하지 않았는가?

잊기 전에 '무엇을 칭찬할지'를 메모해 두면, 다음에 비슷한 상황이 생겼을 때 참고하기 좋다.

내가 아는 선배 중에, 대기업 해외 지사에서 지점장을 지낸 분이 있다. 배려심이 깊으면서도 도통 생색을 내지 않는 사람이어서, 젊은 직원부터 베테랑까지 모두에게 신뢰와 사랑을 받았다. 그 선배에게서 배운 방법이, 다른 사람에게 이야기하기였다.

칭찬은 결국 당사자에게 전해진다

다른 사람이 나를 칭찬해 준 순간을 떠올려 보자.

"조금 전 발표, 정말 인상적이었어."처럼 직접 칭찬을 들으면 물론 기분이 좋다. 하지만, 막상 들으면 쑥스러워서 대답 대신 어색하게 웃으며 넘길 수도 있다.

그렇다면 누군가를 통해 전해 듣는 칭찬은 어떨까?

"조금 전 발표를 보고, ○○ 씨가 정말 인상적이었다고 칭찬하더라."

직접 들을 때보다 덜 쑥스럽고, 어딘가에서 나에 대한 좋은 이야기가 오가고 있다는 사실만으로도 자존감이 높아질 것이다.

 이처럼 칭찬은 어딘가에서 누군가의 입을 거쳐, 결국 그 자리에 없었던 당사자에게도 전해진다. 그리고 칭찬한 사람 역시 '남의 장점을 알아보는 사람'이라는 긍정적인 평가를 얻게 된다. 물론, 좋은 평가를 얻기 위한 의도적인 칭찬은 가식적으로 보일 수 있다.

 하지만 진심으로 상대의 장점을 발견했다면, 주저하지 말고 주변에 알려 보자.

 다만 지나치게 과장해서 칭찬해서는 안 된다. 누가 어디서 어떻게 질투할지 모르기 때문이다. 가볍게 한마디 전하는 정도가 듣기 좋고, 기억에 오래 남는다.

어떤 상황에서도 '그래도 다행이다'로 마무리하기

실패의 경험을 좋은 기억으로 만들자

후배나 팀원에게 어떻게 '조언'하면 좋을지 고민하는 사람이 많다. 혹시 '내 이야기 같은데?' 하고 느꼈다면, 이번 내용을 주목해 보자.

내가 직접 고객 불만에 대응하던 시절에 알게 된 개념이 있다. 바로 고객의 불만과 재구매율 사이의 상관관계를 보여 주는 '존 굿맨의 법칙'이다.

이 법칙에는 세 가지 원칙이 있는데, 그중 첫 번째는 다음과 같다.

'제품이나 서비스에 불만을 가진 고객 중, 불만을 제기하고 그 해결 방식에 만족한 고객의 재구매율은, 불만을 제기하지 않은 고객보다 높다.'

실제 사례를 보면 10만 원 이상 제품의 경우, 불만을 제기하고 그것이 신속하게 해결된 고객의 재구매율은 82%였지만, 불만을 제기하지 않은 고객의 재구매율은 9%에 불과했다고 한다. 이 수치를 보면, 클레임은 '신뢰를 회복할 기회'라고 할 수 있다. 즉, 문제를 얘기해 준 고객은 고마운 존재이며, '말해 줘서 다행'인 셈이다.

지적은 날카롭게 마무리는 따뜻하게

경력이 짧은 직원이 실수하면, 원인을 캐묻고 엄하게 혼내고 싶은 마음이 들기 마련이다. 그런데 이때 절대 해서는 안 되는 것이, '다시는 이런 일이 없도록 해.'라며 마지막에 쐐기를 박는 말이다.

또, 마음 약한 사람이 흔히 하는 '너무 신경 쓰지 마.'라는 말도 조심해야 한다. 의도는 상대를 위로하려는 것이겠지만, 상대가 그 말을 진지하게 받아들이면 오히려 더 위축되거나, 책임감을 놓아버릴 수도 있기 때문이다.

그렇다면 날카롭게 지적하면서도 긍정적인 감정을 남기려면 어떻게 해야 할까?

조언의 마지막에 다음과 같은 말을 덧붙여 보자.

"한번 실패해 봤으니, 다음에는 훨씬 더 능숙하게 대처할 수 있을 거예요."

"더 늦기 전에 사과해서 다행이에요."

"이번 기회를 통해 방향이 잘못되었다는 사실을 알 수 있었어요."

사소한 말이라도 좋다. 실패했기 때문에 얻은 좋은 경험이라고 생각하자.

'다행이다.'라는 말에는, 실패를 좋은 기억으로 남기는 힘이 있다.

사실, '고객 클레임 대응'도 비슷하다.

상대가 아무리 비상식적인 말을 하더라도, 옳고 그름을 따지기보다는 '이 사람은 지금 이렇게 생각하고 있구나.'

하고 있는 그대로 받아들이는 것이 중요하다.

그리고 한참 화를 내던 고객의 감정이 조금 진정되고, 용서할 기미가 보일 때 사과를 감사로 바꿔 보자. 누구든 계속 사과를 받는 것보다는, 감사 인사를 들을 때 마음이 더 편해지기 때문이다.

"○○ 님, 오늘 연락해 주셔서 진심으로 감사합니다."

이처럼 감사로 마무리하면, 불만으로 시작했던 전화도 끊을 무렵에는 '좋은 일을 했다.'라는 따뜻한 기억으로 바뀐다.

'사소한 약속'이라도 꼭 지키기

상대는 의외로
나의 빈말을 기억하고 있을 수 있다

혹시 남들에게 잘 보이고 싶어서 '사소한 약속'을 남발하고 있지는 않은가?

"괜찮은 책이 있는데, 다음에 가져올게."

"조만간 기회가 되면 같이 가자."

"일이 좀 한가해지면 ○○ 씨랑 밥 한번 먹어요."

'다음에'라는 말은 아무 데나 갖다 붙이기 좋은 말이다. 자신도 모르게 입버릇처럼 쓰는 사람도 많을 것이다. 그렇다면 그 '다음에'라는 약속, 얼마나 제대로 지키고 있는가?

우리는 마감일이나 거래처 미팅처럼 중요한 약속은 어

떻게든 지키려고 한다. 하지만 가벼운 대화 중에 나온 소소한 약속들은 우선순위에서 금세 밀려난다.

예를 들어, 간단한 서류 제출도 그렇다. 서류를 걷는 담당자는 누가 냈는지 시시각각 확인해야 하고, 늦게 내는 사람에게는 일일이 연락도 해야 한다. 간단한 서류라면 미루지 말고, 제때 제출하자. 제출일을 지키는 것만으로도 담당자의 스트레스와 불필요한 시간을 줄여주는 배려인 것이다.

작은 약속도 메모하고 지키는 습관을 길러보자

'다음에 점심이라도 먹자.'라는 말은 이제 '수고했습니다.'처럼 우리의 말버릇이 되어버렸다. 문제는, 말한 사람은 잊어도 들은 사람은 의외로 오래 기억한다는 것이다. 특히 젊은 직원일수록 그 한마디를 진심으로 받아들이는 경우가 많다.

실제로 어떤 신입 사원은, 점심이라도 같이 먹자는 선배의 말을 진지하게 받아들여서 '점심 약속을 잡을 때가 됐는

데, 아무 말 없는 걸 보니 내가 불편한가?'라며 고민한 적도 있었다. 정작 말한 사람은 '진작 잊어버렸겠지.' 하고 자기 편한 대로 생각한다.

하지만 신입사원에게 선배와의 식사는 특별한 일이다. 가벼운 마음으로 건넨 말이, 작은 배신처럼 느껴질 수도 있다. 사람은 생각보다 기억력이 좋다.

'사소한 약속'일수록 메모해 두고, 적당한 때에 꼭 지키자. '입만 살았다.'라는 이미지는 한번 붙으면 좀처럼 떨어지지 않는다. 오히려 '사소한 약속일수록 반드시 지킨다.'라는 태도는 누구나 할 수 있는 작지만, 강한 신뢰의 표현이다.

우선, 지금까지 당신이 '밥 한번 먹자'고 말했던 사람을 한 명씩 떠올려 보고, 다시 한번 진심을 담아 연락하자.

내색은 하지 않더라도, 상대는 '기억하고 있었구나!'라며 반가워할 것이다.

기억 6

'거절 후'에도 관계를 이어가는 방법

거절한 사람은 잊어도
거절당한 사람은 잊지 못한다

이 책에서는 주로 바람직한 메일의 예시를 소개했다. 오늘날 직장에서 메일을 쓰지 않는 사람은 거의 없을 것이다. 179쪽에서도 이야기했듯이, 그중에서도 의뢰 메일이나 거절 메일은 특히 신경이 쓰인다.

지금까지 설명한 내용을 잘 따라왔다면, 이미 어휘 선택에 신경 쓰고 있겠지만 '기억'이라는 원칙과 관련해 하나 더 소개하고 싶은 행동이 있다.

내가 아는 사람 중에, 금융기관 창구에서 일하는 '배려의 달인'이라고 불리는 분이 있다. '평생을 행복하게 해주는 사람은 한 명이면 충분하지만, 한순간을 행복하게 해주는 사람은 많을수록 좋다.'라는 말을 자주 하던, 배울 점이 많은 사람이었다.

그녀가 지키는 원칙 중 하나는 '돌려보낸 손님의 얼굴을 기억하는 것'이었다. 금융기관에서는 오후 3시에 문을 닫고 나서야 찾아오는 손님들이 종종 있다. 그런 손님은 어쩔 수 없이 돌려보내야 한다. 그녀는 다음날이나 며칠 뒤 그 손님이 다시 지점을 방문하면, "그때는 죄송했습니다."라고 말한다고 했다.

별것 아닌 말처럼 들리겠지만, 거절당한 서운함 위에 '기억해 주고 있었구나.' 하는 반가움을 덧씌울 수 있다. 무엇보다도, 자신을 기억해 준 그 마음에 감동할 것이다.

거절 후 태도가 다시 부탁할 용기를 만든다

이 사례를 소개하면, '한 번 본 사람 얼굴을 외우는 것은, 기억력이 좋은 사람이나 가능한 일'이라며 볼멘소리를 할지도 모른다. 어느 정도 일리가 있는 말이다. 하지만, 이 사례에도 누구나 실천할 수 있는 행동이 숨어 있다.

일하다 보면 하루에도 몇 번씩 '거절'해야 하는 상황이 생긴다. 특히 부탁이나 권유 메일에 거절할 때는, 상대의 기분을 상하지 않게 하려고 신중하게 답장을 쓴다.

그렇다면 그다음은 어떨까? 회사 안팎에서 상대를 마주쳤을 때,

"지난번에는 도와드리지 못해서 죄송했어요."

"힘이 되어드리지 못해서 죄송해요. 다음에 무슨 일이 생기면 꼭 말씀해 주세요."라고 먼저 말을 건네고 있는가?

거절한 쪽은 잊었을 수 있지만, 거절당한 쪽은 대부분 기억하고 있다.

상대가 먼저 "지난번에 갑자기 부탁해서 죄송했습니다……."와 같이 말하게 해서는 안 된다.

부탁하는 메일을 보냈다는 것은, 상대가 이미 '자신 마음속의 벽'을 넘었다는 뜻이다. 다음에는 당신이 먼저 다가가 말을 걸어 보자.

거절할 일이 생기면, 메모해 두었다가 다음에 다시 만났을 때 당신이 먼저 그 이야기를 꺼내 보자. 그것만으로도 상대에게 긍정적인 인상으로 남을 것이다. 그리고 비슷한 상황이 또 생긴다면, 상대는 마음 편히 당신에게 다시 부탁할 수 있을 것이다.

기억 7

'오래 지속되는 관계'의 비결

인연이 어떻게 될지는 아무도 모른다

 이 책에서 소개하는 배려의 방법도 이제 어느덧 마지막 하나만을 남겨두고 있다. 지금까지 설명한 모든 내용은, 결국 이 마지막 방법으로 이어진다고 해도 과언이 아니다.

 '들어가며'에서 밝힌 것처럼, 이 책은 지나치게 사무적인 태도로 인해 관계에서 어려움을 겪는 사람들, 그리고 열심히 일하고 있음에도 좀처럼 기회를 얻지 못하는 사람들을 위해 쓰기 시작했다.

 지나치게 사무적인 사람들은 직장 동료나 거래처 사람들을 '같이 일하는 사이'로만 인식하는 경향이 있다. 이 같은 태도는 영업팀 연수에서 자주 듣는 불만에서도 드러난다.

'계약이 성사되자마자, 연락이 뚝 끊겼어요.'

계약 전에는 선물까지 챙기며 안부 전화를 걸던 사람이 막상 계약이 끝나자, 연락을 끊는다면 상대는 당연히 섭섭함을 느낀다. 눈치가 빠른 사람이라면 '잡은 물고기에게는 먹이를 주지 않는다.'라는 태도를 금세 알아차릴 것이다.

이처럼 눈에 보이는 대가만을 바라고 한 행동을 과연 '배려'라고 할 수 있을까? 나는 아니라고 생각한다. 여기까지 이 책을 읽은 당신이라면, 분명 동의할 것이다.

고객의 관점에서 보면, 계약 자체보다도 계약 이후 상품이나 서비스를 이용하는 것이 더 중요할지도 모른다. 그런데 관계가 '일 때문에 얽힌 사이'로만 남는다면, '누군가에게 소개하고 싶다.'라거나 '믿고 맡길 수 있다.'라는 인상은 주지 못할 것이다. 세상일이 어떻게 이어질지는 아무도 모른다.

'마음의 벽'을 넘는 마지막 방법

여기서 기억해 줄 말이 'Keep in touch(꾸준히 연락하기)'이다.

내가 미국에 살던 무렵, 사람들과 헤어질 때면 'Keep in touch'라는 말을 자주 들었다. 나도 '다음에 또 보자.' 같은 인사말 정도로 사용했지만, 지금 돌아보니 이 표현 속에는 작지만, 따뜻한 배려의 의미가 담겨 있었다.

기억할 자신이 없다면, 연락할 날짜를 미리 일정표에 적어두자. 3개월에 한 번쯤은 고객 명단을 살펴보면서, 지금까지 만난 사람들의 얼굴을 떠올려 보자. 그리고 신경 쓰이는 점이 있다면, 이렇게 짧은 메시지를 보내면 된다.

"제품을 사용해 보시니까 어떠신가요?"

"어떻게 지내시는지 궁금해서 연락드렸습니다."

이것이 내가 전하고 싶은, '마음의 벽'을 넘는 마지막 방법이다.

'딱히 할 말도 없는데, 괜히 연락해서 귀찮게 여기면 어쩌지?' 하고 망설여지는 마음도 이해한다. 하지만 여기까지 함께해 온 당신이라면, 걱정할 필요가 없을 것이다.

급한 용건이 없는데도 연락이 오면, '이 사람이 정말 나를 기억하고 있구나.'라고 생각할 수 있지 않을까? 실제로 미국의 한 조사에 따르면, 고객이 이탈하는 가장 큰 이유는 '무관심'이라고 한다.

단, 스팸 메일처럼 모든 사람에게 똑같은 내용을 복사해서 보낼 거라면, 차라리 연락하지 않는 편이 낫다. 어디까지나 상대에 대한 진심을 있는 그대로 전하면 된다.

결국 그 '마음의 벽'을 넘는 사람에게만 커다란 기회와 운이 찾아오는 법이다. 그리고 'Keep in touch'라는 관계는 억지로 이어가기보다는 '가늘고 길게' 유지하는 것이 가장 좋다.

| 나오며 |

아시아권으로 여행을 가면 현지 사람들이 친절해서 좋았다고 말하는 사람들이 많다. 나 역시 예전에 대만을 여행했을 때, 공항이나 식당에서 현지 사람들에게 여러 번 도움을 받은 적이 있었다. 낯선 곳에서 받은 친절은 더 깊이 마음에 남는다. 그래서 '앞으로 나도 곤경에 빠진 외국인 관광객을 보면 먼저 다가가야지!' 하는 다짐과 함께 돌아오지만, 막상 실천하려고 하면 좀처럼 그 허들을 넘기가 쉽지 않다.

이는 비즈니스 세계에서도 마찬가지다. 상대의 상황을 알아차리고도 '자신 마음속의 벽'을 넘지 못하는 사람들에게는 공통점이 있다.

'예전에 다른 사람에게서 차갑게 거절당했다.', '오지랖이 넓다며 혼이 났다.'라는 등의 경험들이 있다. 그런 사람들에게 나는 종종 이렇게 묻는다.

"몇 번이나 그렇게 거절당했나요?"

"마지막으로 혼난 건 언제인가요?"

그러면 "한두 번인데요.", "2년 전쯤이었던 것 같아요." 같은 답이 돌아온다. 겨우 한두 번의 경험으로 마치 이번에도 똑같이 될 거라고 단정 짓는 태도를 심리학에서는 '성급한 일반화'라고 부른다.

나 역시 그런 경험이 있다. 미국 생활을 마치고 일본에서 일하기 시작했을 무렵이었다. 회사에서 사람들과 눈이 마주칠 때마다 미소 지으며 눈인사를 했다가 한 선배에게서 지적을 받았다. 13년 넘게 매일 하던 인사여서 아무렇지 않게 했던 행동이었는데, "그러면 상대가 착각할 수도 있어. 여긴 미국이 아니라고."라는 말을 듣고 조심하게 되었다.

하지만 지금 돌이켜 보면, 그것은 나의 '성급한 일반화'였는지도 모른다. 겨우 한 사람의 말을 듣고, 모든 사람이 그렇게 생각할 것이라고 섣불리 단정 지었다.

지금의 나라면 그런 말을 들었더라도 '내가 겪었을 때 좋았던 일을 한다.'라는 나만의 기준에 따라 행동할 것이다.

혹시 당신도 비슷한 경험 때문에, 누군가를 배려하기 전에 눈치를 보며 주저하고 있다면, 자신의 기준을 믿고 행동해 보기를 권한다.

한편 '배려 따위는 시간 낭비'라고 여기는 무심한 상사 밑에서 일한 사람이라면, 상사에게서 따뜻한 배려를 받아본 경험이 거의 없을지도 모른다. 하지만 시야를 조금만 넓히면, 배울 기회는 얼마든지 있다.

매달 진행하는 지도자 연수에 '외부 서비스 체험 중 좋았던 경험'을 리포트로 써서 제출하는 과정이 있다. 평소에는 배려와 거리가 멀어 보이는 사람들도, 고객의 입장이 되면 전혀 다르게 반응한다. '단골 술집 주인이 세심하다.', '가전제품 매장 직원의 서비스 정신에 감동했다.'라며 느낀 점을 꽤 상세하게 쓴다. 이들은 사실 '배려를 알아차릴 수 있는 감수성을 가진 사람', 다시 말해 '눈치챌 수 있는 사람'인 것이다.

리포트를 받은 뒤, 그 좋았던 경험을 메모로 남겨두라고 조언한다. 또는 평소에 상사나 동료들이 '나에게 해줬으면 하는 일'을 적어보라고 한다. 내가 겪지 않은 일도, 배려로 이어질 수 있다. 겪어보지 않았다는 이유로 '내가 안 해도 될 일'이라 넘길지, 오히려 '내가 먼저 해볼 기회'로 삼을지는 당신의 선택에 달려 있다. 그리고 그 선택이 바로, 지금 당신 앞에 놓인 '나의 과제'다.

이 책을 쓰면서 주변에 있는 여러 훌륭한 리더들에게 인터뷰 형식으로 큰 도움을 받았다. 20대 후반부터 40대에 이르는 그들은, 자신에게 다가온 기회를 놓치지 않거나 고객이 또 다른 고객을 불러오는 방식으로 성장해 온 사람들이다. 인터뷰를 통해 그들의 성장 비결을 분석한 결과, 세 가지 공통점을 발견할 수 있었다.

첫째, 동료들과의 신뢰 관계가 돈독하다는 것이다.

그들은 다른 사람이 곤경에 처하면 두 팔을 걷고 나서서 도와준다. 하지만 마냥 듣기 좋은 말만 하지는 않는다. 때로는 단호한 조언도 필요하기 때문이다.

그런데도 평소 그들의 배려를 잘 아는 직원들은, '다른 사람도 아니고 이 사람이 하는 말이니까' 하고 순순히 귀를 기울인다. 한번 신뢰가 쌓이면, 질책조차 고맙고 필요한 조언으로 받아들인다. 이처럼 배려는 상대의 인식까지 바꿀 수 있다.

예전에 료칸 직원들을 대상으로 1년간 '배려'를 주제로 강연했던 적이 있다. 수업의 효과는 놀라웠다. 한 달이 지날 때마다 예약 사이트의 '서비스' 평점이 올라갔고, '온천'과 '객실' 같은 시설 항목 평가도 함께 올라간 것이다. 실제로 시설을 새로 고친 것도 아닌데 말이다.

좋은 서비스는 신뢰를 만들고, 고객들은 '오길 잘했다.'라는 마음으로 료칸을 즐기게 되었기 때문이다. 그러면 단점으로 평가받던 오래된 온천과 객실도, '독특하다.', '운치 있다.', '오래되었지만, 관리 상태가 좋다.'라며 긍정적으로 보기 시작한다.

직원들의 배려는 고객의 인식을 바꾸고, 신뢰를 쌓는 힘이 있다.

둘째, 업무의 정밀도가 높다는 것이다.

배려라는 필터로 세상을 보면, 훨씬 세밀하고 선명하게 보인다. 그리고 지금까지 눈치채지 못했던 개선점도 드러난다.

내가 종종 강연을 나가는 기업의 영업 부서에서 있었던 일이다.

한번은 고객의 연령대와 상품에 관한 지식수준에 맞춰, 말하는 속도와 단어를 바꾸도록 지도했다. 그 결과 '이해하기 쉽게 설명해 줘서 계약한다.'라는 고객이 늘면서 성과가 눈에 띄게 좋아졌다는 이야기를 들었다.

그리고 억지로 밀어붙이던 영업을 멈추고 한발 물러섰더니, 오히려 고객 쪽에서 "한 번 더 이야기를 들어보고 싶다."라고 연락해 온 사례도 있다.

처음에는 배려하는 것이 어색했지만, 일주일이 다르게 성장하더니 3개월 뒤에는 사내 영업 실적 1위를 달성한 사람도 있다.

셋째, 회사 안에서 배려의 고리가 점점 넓어지고 있다는 것이다.

이 책에서 소개한 '외부에서 온 손님에게 말 걸기' 이야기는 내가 방문한 회사에서 실제로 겪은 일이다. 누구를 만나든, 언제 찾아가든 변함없이 같은 행동을 보인다는 건, 리더부터 모범을 보인다는 뜻이다. 어떤 습관이든 '처음 시작한 사람'이 있다. 훌륭한 조직 문화는 어느 날 갑자기 생기는 것이 아니다. 무대 뒤에서 묵묵히 시작한 누군가가 반드시 있기 마련이다.

그 '누군가'가 바로 당신이라면, 그보다 멋진 일이 또 있을까?

책에서 소개한 방법을 실천하다 보면, 처음에는 아무런 반응도 없을 수도 있다. 하지만 그것은 어디까지나 '상대의 과제'이다. 너무 신경 쓰지 않아도 된다. 당신은 '내가 겪었을 때 좋았던 일'을 꾸준히 실천하면 된다.

'상호성의 법칙'처럼, 당신이 건넨 배려는 언젠가 되돌아온다. 아무렇지도 않게 해 온 일들이 배려의 고리를 넓혀가고, 그 고리는 점차 조직 문화를 바꾸는 힘이 된다. 나는 그 과정을 거쳐 변화한 조직들을 수없이 보아왔다.

꾸준한 배려는 신뢰를 쌓고, 그 신뢰는 눈에 보이는 성과와 결과, 더 나은 기회와 운으로 이어진다. 지금은 이직이 흔한 시대다. 아무리 이전 직장에서 쌓은 경험이 뛰어나도, 그곳에서만 통하던 방식이나 기술은 새로운 환경에서 처음부터 다시 적응해야 할지도 모른다.

하지만 '눈치라는 벽'을 넘는 힘은 어디에서나 통한다. 새로운 직장에서도 당신의 든든한 무기가 되어, 사람들의 마음을 금방 얻을 수 있도록 도와줄 것이다. 그렇다고 해서 너무 애쓰지는 말고, 처음에는 60점을 목표로 시작해 보자.

이 책을 쓰는 동안 많은 분께 큰 도움을 받았다.
모두에게 진심으로, 깊은 고마움을 전하고 싶다.

가와하라 레이코

일머리보다 중요한 눈치 사용 설명서
마음의 벽을 넘어, 배려로 완성하는 직장생활

초판 1쇄 발행 2025년 11월 3일

지은이	가와하라 레이코
옮긴이	송해영
펴낸이	신영병
마케팅	장유정
편 집	신잎
디자인	O-H-!

펴낸곳	한가한오후
출판등록	2024년 5월 23일 제2024-000129호
주 소	서울특별시 영등포구 경인로 706, 6층 601호(문래동1가, 한양빌딩)
문 의	boneseyou@naver.com
인스타그램	@hangahanpm

정가 16,800원
ISBN 979-11-990406-6-3 03320

- 잘못된 책은 구입하신 서점에서 교환 및 빈품 가능합니다.
- 이 책의 전부 또는 일부 내용을 재사용하려면 반드시 사전에 저작권자와 한가한오후의 동의를 받아야 합니다.